거리를 바꾸는 작은 가게

거리를 바꾸는 작은 가게

街を変える小さな店

소비와 유통의 미래

교토 게이분샤에서 발견한

호리베 아쓰시　정문주 옮김

민음사

일러두기

1 주석은 모두 옮긴이 주이며, 각주로 표시했다.
2 인·지명은 대체로 현행 외래어 표기법을 따랐으나 몇몇 예외를 두었다.

들어가는 말

최근 몇 년 사이 동네 서점이 눈에 띄게 줄어들고 있다. 경제 뉴스의 통계 자료나 업계 소식지의 기사, 일상적이고 사소한 대화가 모두 그렇다고 말해 준다. 무엇보다 나 스스로 외출할 때마다 그런 변화를 실감한다. 결국 서점은 거대 온라인 서점과 전자책, 인터넷에 밀려 머지않아 사라지고 말 것인가? 서점은 살아남기 위해 어찌해야 하는가? 이 질문에 답하기 위한 책이 무수히 출판되었고, 나는 그중 몇 권을 읽어 보기도 했다. 교토 변두리에서 개인 서점을 운영하는 입장이다 보니 똑같은 질문을 수없이 받기도 했다. 그럴 때마다 적당히 얼버무렸다.

나로서는 세상이 어떻게 변화할지 알 도리도 없을뿐더러 그런 질문 자체가 일개 책방 주인에게는 참으로 무겁기 때문이다.

한 여자 손님이 단골 곱창 음식점에 갔다가 늘어선 줄을 보고 점원에게 물었다. "얼마나 기다리면 들어갈 수 있어요?" 점원이 답했다. "그런 걸 알면 제가 경마장에 가서 줄을 서지요." 어쩌다 그 옆에서 점원의 대답을 듣고 헛웃음이 나왔지만, 솔직히 털어놓자면 나도 딱 그렇게 대답하고 싶은 순간을 몇 번이나 겪었다. 주위를 돌아보면 서점뿐 아니라 개인이 운영하는 가게는 찻집부터 선술집, 레코드 가게, 영화관까지 모조리 하나둘 문을 닫는 실정이다. 전자책과 온라인 서점의 영향 때문만은 아니다. '기호품'을 다루는 개인 점포의 생존 방식에 커다란 변화가 필요한 시점이 된 것이다. 개인 점포는 점점 사라지고 있지만, 체인점은 전 세계 모든 거리로 진출하고 있다. 또 방 안에 앉아서도 원하는 물건을 챙길 수 있는 온라인 숍은 끊임없이 세력을 확장하고 있다. 세상은 대단히 편리해졌다. 소비자로서 합리성을 추구하는 사람이라면 이런 현상을 진화이자 필연이라 말할지도 모른다. 작은 가게가 아무리 발버둥 친다 한들 고객이 영리한 소비자가 되겠다고 마음먹었다면 거리가 글로벌 체인점으로 뒤덮이는 것은 시간문제다. 소박한 정을 느끼고 싶으면 공장에서 찍어 낸 '○○할머니의 수제 쿠키 가게'에 가면 되고, 체인점 같은 분위기가 거슬린다면 낡은 민가를 리모델링한 운치 있는 카페에 가면 되는 세상이다. '진짜 주인은 도쿄에 있는 부자 대기업 아니냐?'라는 애매한 불만 정도는 광고나 이미지 전략에 손쉽게 무마되고 만다. 분위기도 상품의 일환이 아닌가? 사람들은 자꾸 쉬운 것을 찾고, 트위터처럼 140자도 안 되는 짧고 쉽고 단순한 이야기가 대접을 받는다. 이제 사람들은 뉴스 같은 정보조차 개인의 취향에 맞춰 취사선택할 수 있다. 별의 개수로 가게의 우열이 정해지고 점수가 낮은 가게는 점차 도태되다 보니 '실패'나 '손해'를 감수하는 곳이 확연히 줄었다. 점수를 매기는 소비자의 힘은 날로 강력해지고 있다. 하지만 이런 시류에 불만을 품고 무언가를 말하고자 하는 사람들도 적잖다. 이들 소수파는 거리의 변화에 한숨지으며 편리함만 추구하는 세상에 딴죽을 건다. 그러나 소비자 만능인 편리한 세상이 왜 나쁜지에 대해선 명쾌한 말로 표현하지 못한다. 그러다 보니 '인정'이나 '인간미' 같은 모호한 단어, '예전이 좋았다.'라는 식의 투덜거림만 넘쳐 난다. 합리성을 추구하는 기업의 관점에서 보면 그처럼 수치화할 수 없는 것에서는 가치를 뽑아낼 수 없다. 픽사와 디즈니가 공동 제작한 영화 「월-E(WALL-E)」(2008)에서 앤드루 스탠튼(Andrew Stanton) 감독은 합리성을 극단적으로 추구한 인류가 29세기에 어떤 세상을 맞이하는지를 희화화한 바 있다.

고도 소비 사회가 극에 달하자 인류는 쓰레기로 뒤덮인 지구를 탈출해 우주 식민지에서 생활한다. 그곳에서는 각자의 캡슐 안에서 모든 정보 수집과 소비가 이루어진다. 인류의 생활에서는 육체노동도, 가족이라는 단위도 찾아볼 수 없다. 초거대 기업이 시장을 완전히 장악한 가운데, 보다 영리한 소비자로서 만능을 지향해 온 인류는 이제 선택의 여지는커녕 선택할 의지조차 잃고 만다. 버려진 지구에서 고독하게 일하는 쓰레기 처리 로봇인 월-E. 완구나 포크, 나이프 등 인류의 생활용품을 쓰레기 더미에서 찾아내 남몰래 수집하던 월-E는 어느 날 「헬로 돌리!(Hello, Dolly!)」라는 뮤지컬 영화의 비디오테이프를 발견한다. 이후 그는 사람과 사람이 '손을 잡는' 단 하나의 장면을 동경의 시선으로 반복해서 돌려 본다.

극단적인 예일지 모르지만 「월-E」에 나온 세상처럼 합리성을 극단적으로 추구하다 보면 적잖은 것을 잃게 된다. 나는 이 책을 통해 사양 산업이라 불리는 동네 서점을 경영하는 사람으로서 비합리적인 '기호품'을 판매하는 가게의 존재 의의를 다시 확인해 보고자 한다. 책에서 언급한 교토의 가게들은 그리 유명하거나 특출한 노포가 아니다. 하지만 내게는 '이 지역에 꼭 필요하고, 교토답다.'라고 여겨지는 소중한 가게들이다. 불과 몇 년 사이에 바뀌어 버리는 언론의 최신 유행을 좇기보다는 내가 신뢰하는 개인 점포의 현장을 재발견함으로써 동네 서점이 살아남을 수 있는 단서를 찾고 싶다. 곧 파산할지도 모

르는데 자기 스타일을 고집하는 가게, 아무런 욕심 없이 시대
를 역행하는 가게, 온갖 인간 군상이 모여드는 가게……. 140자
만으로는 결코 다 담을 수 없는 이 개성 넘치는 가게들의 목소
리를 기록하는 데서부터 그 작업을 시작하려 한다.

유게
yūgue

야스다 가쓰미
건축 연구소
安田勝美建築研究所

로쿠요샤
六曜社

헌책방 젠코도
古書善行堂

게이분샤
이치조지 점
恵文社 一乗寺店

돈 후
屯風

산 가쓰 쇼 보
三月書房

렌터 사이클
에무지카
レンタルサイクルえむじか

마이고
迷子

하기 쇼 보
萩書房

데마치 후타바
出町ふたば

세이코샤
誠光社

워크숍 레코드
WORKSHOP records

가케 쇼 보
ガケ書房

나미이타 앨리
ナミイタアレ

차례

이마더

니
시
오
지
도
리

도리니조

산조도리

고조도리

교토 역에서 JR나라 선을 타고 한 정거장 이동해
도후쿠지 역에 내린다. 거기서 게한 전철로 갈아타고 종점인
데마치야나기 역으로. 그곳에서 다시 구라마,
오하라 방면으로 지상을 달리는 에잔 전철로 넘어간 뒤
다시 세 정거장을 가면 이치조지라는 동네가 나온다.
가와라마치도리나 기온 등 교토의 정취가 물씬 풍기는 소위
'번화가'에서 떨어져 있는 데다 다른 도시에서 접근하기도
쉽지 않은 이 동네에 내가 일하는 서점
'게이분샤 이치조지 점'이 있다.

─「1장 나의 거리, 나의 가게」 중에서

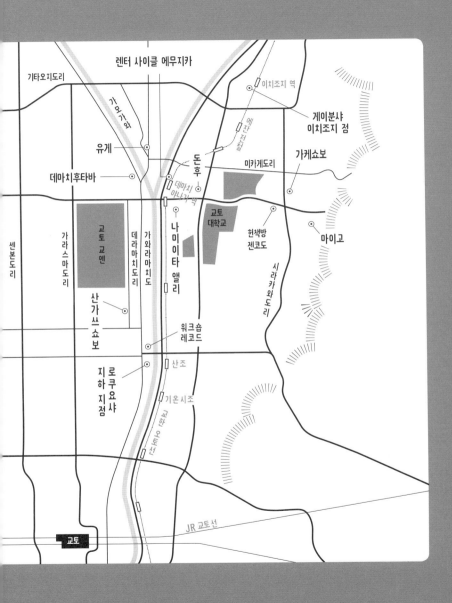

나나
의의

가거
게리,

'게이분샤 이치조지 점'과 이 거리의 지난날

희한한 가게, '게이분샤 이치조지 점'

교토 역에서 JR나라 선을 타고 한 정거장 이동해 도후쿠지 역에 내린다. 거기서 게한 전철로 갈아타고 종점인 데마치야나기 역으로. 그곳에서 다시 구라마, 오하라 방면으로 지상을 달리는 에잔 전철로 넘어간 뒤 다시 세 정거장을 가면 이치조지

서적 매장의 전경. 책표지가 보이도록 진열한 비율이 높다.

라는 동네가 나온다. 가와라마치도리나 기온 등 교토의 정취가 물씬 풍기는 소위 '번화가'에서 떨어져 있는 데다 다른 도시에서 접근하기도 쉽지 않은 이 동네에 내가 일하는 서점이 있다. 신간 서적은 물론이고 헌책과 해외 서적, 자비 출판물까지 취급하는 '게이분샤 이치조지 점'이다. 자칭 서점이기는 하지만 120평 남짓 되는 점내에는 대관 갤러리 '앙페르(Enfer)' 말고도 '의식주 관련 서적과 생활 잡화'를 판매하는 '생활관'까지 들어 있다. 2006년에 '생활관'이 생기고 나서부터는 일반 서점이라 부르기 어려운 복합 점포, 이른바 '편집 서점'의 형태를 띠게

되었다. '서점치고는 보기 드문 형태의 점포를 운영하는 점장'으로 나는 잡지나 신문에 자주 소개되었다. 그러다 보니 내가 직접 운영하는 개인 서점이라고 오해하는 사람도 많지만, 게이분샤는 1975년에 창업한 서점 체인으로 교토 시내에만 지점이 세 군데 있다. 니시오지 점, 밤비오 점, 이치조지 점이다. 서로 다른 개성을 보여 주는 이 세 점포를 통괄하는 이는 곤도 도키오(近藤時雄) 사장이다. 하지만 실제로는 상품 구성에서 이벤트 기획에 이르는 운영 전반을 이치조지 점의 점장인 내가 맡아 처리한다. 1982년에 탄생한 이치조지 점에는 온라인 점포의 직원과 아르바이트를 포함해 현재 15명의 직원이 근무 중이다. 대형 서점이라 할 만한 규모는 아니지만, 조그만 동네 책방 같은 느낌도 아니다. 서점 내 나의 위치를 포함해 게이분샤 이치조지 점은 모든 면에서 희한한 조화 속에 굴러간다. 이곳에서 일한 지 15년여. 그렇지 않아도 서점과 출판계 상황이 격변하는 시대다. 흉내를 내려 해도 참고할 만한 동종 서점이 없는 상황에서 운영 스타일, 근무 방식 등 하나부터 열까지를 직접 새로 만들어야 했다. 동네 서점이 하나둘 사라지는 지금, 살아남으려면 게이분샤는 무엇을 어떻게 해야 할까? 주위를 둘러보기 전에 우선은 내가 몸담은 이곳의 지난날을 돌아볼 필요가 있을 것이다.*

나의 수련 시절

나는 대학을 다니던 1996년에 지인의 소개로 게이분샤에

---

* 게이분샤 이치조지 점은 지명도 면에서 교토뿐 아니라 일본 전국에서도 손꼽히는 서점이다. 2010년에 영국 《가디언》이 발표한 'The world's 10 best bookshops'에 선정되면서 유명세를 탔다. 저자인 호리베 아쓰시 씨는 2015년 여름에 게이분샤를 퇴사하고, 그해 11월 말에 교토 가와라마치 마루타마치에 세코샤(誠光社)라는 서점을 차려 운영 중이다.

서 아르바이트를 시작했다. '반드시 서점에서 일하겠다.'라는 강력한 희망보다는 '좋아하는 책을 접할 수 있으니 다른 일보다는 낫겠다.'라는 정도의 바람으로 시작한 일이었다. 이전에도 서점 아르바이트를 한 경험은 있었는데, 그때 배운 일은 절도범을 막기 위한 순찰법이나 거스름돈을 정확하게 세는 비결 정도가 다였다. 책에 관한 직접적인 업무는 몇 명 안 되는 직원들이 맡다 보니 아르바이트생은 언감생심 책의 발주나 서가 배분에 간여할 엄두를 내지 못했다. 근무 시간 대부분을 계산대 앞에 우두커니 서 있거나 서가의 책을 꺼내 읽으며 보냈다. 짧은 근무 시간은 어지간히도 길게 느껴졌다. 그런데 게이분샤에서는 들어가자마자 서가 하나를 맡으라고 했다. 지금에 와 생각해도 상당히 대담한 조치였는데, 당시에는 지점에 직원은커녕 점장조차 없었기 때문에 아르바이트 직원이 잡무를 하면서 서가도 맡은 것이었다. 서가를 맡은 직원들은 다들 자신의 특기를 살려서 담당 서가를 꾸몄다. 당시 내가 어떤 서가를 맡았는지는 확실히 기억나지 않는다. 하지만 틀림없이 대학에서 전공하던 비트 제너레이션(Beat Generation) 등의 미국 현대 문학이나 주변의 카운터컬처(반문화)와 관련된 책을 마구잡이로 주문했을 가능성이 크다. 그나마도 우리 집 책장에 있는 책을 많이 참고했을 것이다. 나는 매일 아침 입하되는 책 중에 내가 발주한 책이 포함되어 있다는 사실만으로도 뛸 듯이 기뻤다. 당연히 서가를 재미있게 꾸미는 '일'에 푹 빠져 지냈다. 물론 매출 같은 건 거의 안중에 없었다.

선배들에게 배운 것

'교토 시 사쿄 구 이치조지'라는 동네는 교토 대학, 교토 조형 예술 대학, 교토 세이카(精華) 대학, 교토 공예 섬유 대학 등 여러 대학에 둘러싸여 있다. 그리고 게이분샤 이치조지 점은 처음부터 바로 그 대학가의 자유로운 분위기 속에 자리 잡았다. 어찌 보면 그들의 자유는 세상 사람들이 숙제처럼 해내는 일을 약속한 시한도 없이 유예 중인, 일종의 모라토리엄 무드인지도 모르겠다. 그런 이유로 당시 아르바이트 직원들은 하나같이 개성파였다. 아티스트로 또는 밴드 연주자로 활동하면서 서점에 나오는 선배들에게 만화나 음악, 소설에 관해 이것저것 배우는 나날이 얼마나 즐거웠는지 모른다. 퇴근길에는 선배들을 따라가 술자리에 합석하기도 했는데 책 이야기는 그곳에서도 이어졌다. 술자리에서 화제가 된 라이브 공연이나 이벤트에 가 보면 선배 중 한 사람은 꼭 있었고, 그 덕에 일과 놀이가 자연스레 엮였다. 나는 그렇게 서점 밖에서 일종의 과외 수업을 받으며 시야를 넓혀 갔다. 그러는 사이 서점 일은 내 일상 속으로 아주 깊이 파고들었다. 때로는 사장님, 다른 아르바이트 직원 여러 명과 교대로 운전을 해 가며 도쿄로 가서 서점과 갤러리를 섭렵하기도 했고, 때로는 뭣도 모르는 상태로 해외 구매 출장에 동행하기도 했다. 개성 넘치는 선배들은 내게 많은 것을 가르쳐 주었는데 특히 큰 영향을 준 선배가 둘 있다. 그중 한 사람은 당시 나카교 구에 있는 상가 지역에서 디자인 사무소를 운영하던 요코스카 선배였다. 그는 재개봉이 한창이었던 1960~1970년대 프랑스 영화의 팸플릿과 유럽 인디밴드의 CD 재킷 그리고 인디 잡지를 편집하는 젊은 디자이너였다. 편집과 디자인 현장을 접할 계기를 만들어 준 은인이다. 또 한 사람은 만화광이었는데 밴드 활동을 하면서 서점 일을 하던 오니시 선배였다. 이른바 서브컬처의 세계에 빠져 있던 그는 만화가 나가이 고(永井豪)*와 고이케 가즈오(小池一夫)**를 존경했고 나중에 만화 평론가로도 활약했다. 우리는 서점 일이 끝나면 함께 라멘을 먹으러 가곤 했다. 오니시 선배는 당시 아무도 거들떠보지 않던 B급 만화의 매력에 관해 열변을 토하곤 했다. 그때

---

* 1945~현재. 만화가 겸 기획자. 1967년 데뷔 후 표현의 자유를 강조하며 후배 만화가에게 많은 영향을 끼쳤다. 대표작으로 『데빌 맨』, 『마징가 Z』, 『그랜다이저(원작명은 'UFO 로봇 그랜다이저')』 등이 있다.
** 1936~현재. 만화 원작자, 소설가, 각본가, 작사가. 1970년 데뷔 후 다양한 분야의 작가로 활동하며 거장으로 불린다. 대표 원작으로 『고즈레 오카미(子連れ狼, 국내에는 '아들을 동반한 검객'으로 알려져 있다.)』 등이 있다.

나에게 게이분샤의 최대 매력은 이 두 선배가 서로 다른 가치관으로 만들어 낸 서가가 한 서점 안에 공존한다는 점이었다. 그런데 1998년 오니시 선배가 고향인 도쿄로 돌아가면서 이상적인 균형은 깨지고 말았다. 선배는 도쿄로 돌아가기 전, 언제나 그랬듯 실없는 농담을 하다가 갑자기 이런 말을 했다.

"호리베! 너도 언젠가는 '이쪽'인지 '저쪽'인지 어느 한쪽을 선택해야 하는 순간을 맞게 될 거야."

오니시 선배의 전문인 서브컬처냐, 요코스카 선배가 빛을 발하던 스타일리시한 팝컬처냐? 이제 와 돌이켜봐도 단순한 이야기가 아니다. 실제로 그 두 세계가 전부라고 생각했던 당시의 나는 선배의 조언을 듣고 막연한 불안감에 휩싸였다. 그 후 머지않아 요코스카 선배도 도쿄로 갔다. 지금도 두 선배는 각자의 분야에서 활발한 활동을 펼치고 있고, 결국 나는 그 어느 쪽도 선택하지 못한 채 지금까지 게이분샤 일을 계속하고 있다. 지금 다시 같은 이야기를 듣는다면 고민하지 않고 이렇게 말할 것이다. "어느 한쪽이 아니라 다양한 가치관이 공존하는, '양쪽 다' 다루는 이 서점을 지키겠다."라고 말이다.

새 점장이 가르쳐 준 서점의 '상식'

　　두 선배가 서점을 떠난 후에도 레코드 가게 아르바이트를 하면서 게이분샤 일을 병행하던 나는 여전히 서점의 매출과는 무관하게 책을 발주하고 서가를 꾸몄다. 1999년, 서점의 경영 상태를 보다 못한 사장님은 대형 서점에서 근무한 경험이 있는 데라이 점장을 영입했다. 그는 우선 일상 업무를 그대로 진행하면서 '서점의 일반적 업무'를 직원들에게 가르쳤다. 데라이 점장에게 배워서 새로 알게 된 출판 유통 시스템은 다음과 같았다.

· 출판사와 서점 사이에는 '중개인'이라 불리는 몇몇 도매상이 존재하는데, 이들이 일본 전국의 책 유통을 책임진다.

· '중개인'은 각 서점의 매출 자료를 바탕으로 대형 출판사의 신간과 베스트셀러를 각 매장에 '배본'한다.

· 출판계에는 '위탁 판매제', '반품 조건부 판매'라 불리는 자체 규칙이 있어서 기본적으로 팔다 남은 책은 출판사에 반품할 수 있다.

· 그래서 각 서점은 그때그때 화제가 되는 서적과 베스트셀러를 얼마나 빨리, 많이 확보할 수 있는지를 중시하는 경향이 있다.

· 반품 가능하다는 조건 아래에서는 방대한 출판물 가운데 책을 엄선해야 할 필요성이 적다.

서점 입장에서 볼 때 지극히 당연한 소리지만, 나는 이런 기본적인 내용조차 이해하지 못한 채 내키는 대로 일을 해 오고 있었다. 내가 서점에 들어갔을 무렵부터 이치조지 점은 '배본'에 의존하지 않고 자체적으로 실시한 조사 결과에 따라 출판사에 직접 주문하는 방식으로 구매를 진행했다. 그래서 출판 부수나 발매 시기에 구애받지 않는 것은 물론이었고, 일반적 베스트셀러나 화제를 불러일으킨 책 따위에 신경 쓰지 않고 서가를 꾸몄다. 당시 직원들은 각자 자신이 맡은 서가만 챙기느라 배타적 의식이 강했고, 그래서 현장에서는 매출 자료뿐 아니라 신간 정보마저 공유하지 않는 일이 허다했다. 우리는 흡사 『아파치 야구군』* 같았다. 야구로 치면 맨발로 슬라이딩하고, 홈에서 3루로 역주행을 하는 등 우리만의 방식으로 게임에 임했기 때문이다. 그런 우리에게 데라이 점장은 처음으로 '공식 경기 규정'을 보여 주었다. 기초적 서점 업무와 시스템에 관한 교육 덕에 우리는 처음으로 우리의 서가 구성과 특수한 구매 방식을 객관적으로 볼 수 있었다. 그리고 '지금까지 쌓아

---

* 이지마 다카시(飯島敬, 1935~1993) 원작의 1970년대 만화, 애니메이션. 고교 야구 일류 투수였던 도지마 쓰요시가 아파치 마을에서 소외된 불량소년들에게 야구를 가르친다는 이야기다. 인물 및 상황이 기이할 정도로 강렬하고 실제 야구와는 크게 차이가 나는 장면들이 많지만, 다양한 인간 군상과 사회의 부조리를 다루어 많은 팬을 낳았다.

생활 잡화 및 의식주 관련 서적을 취급하는 '생활관'과 서적 판매 공간은 누구나
자유로이 오갈 수 있는 구조로 설계되어 있다.

온 방식을 살리면서도 일반 서점의 노하우까지 활용할 수 있는 방식은 없을까?'를 고민하게 됐다. 그러면서 얼마 동안 게이분샤 이치조지 점은 다시 한 번 시행착오의 시기를 거쳤다.

바로 그 무렵 『해리 포터』가 세계적으로 큰 인기를 끌었다. 2000년에 2탄이 일본어로 번역되어 나오자 우리 점포에서도 그 화제의 책을 팔자는 의견이 나왔다. 하지만 『해리 포터』처럼 모든 서점의 주문이 빗발치는 초인기작을 발매일에 맞춰 확보하기는 어려웠다. 베스트셀러를 팔아 본 적이 없는 이치조지 점으로서는 출판사나 중개업자에게 부탁을 한다 한들 그들이 우리에게 우선적으로 배본해 줄 리가 없었다. 온갖 경로를 통해 협상, 탄원을 하던 중 자매점인 니시오지 점이 적은 수량이나마 확보했다는 소식을 들었다. 니시오지 점은 이치조지 점에 몇 권을 양보해 주었고 그 덕에 우리는 출간일에 맞춰 서가에 『해리 포터』를 진열할 수 있었다. 대망의 날이 밝았다. 정식 경로로 확보하지는 않았지만, 불티나게 팔릴 것이 틀림없는 그 책이 드디어 신간 매대에 놓이는 순간이었다. 손님이 올 때마다 우리는 두근거리는 가슴을 안고 신간 매대를 주목했다. 하지만 한 명, 두 명…… 손님이 그 앞을 지나가고, 하루, 이틀…… 시간이 흘러도 마법에 걸린 듯 책은 팔릴 기미조차 보이지 않았다. 온갖 아이디어를 짜내 진열 방식을 바꿔 보아도 반응은 전무했다. 세상이 온통 야단법석이었지만, 거짓말처럼 이치조지 점에서는 한 권도 팔리지 않았고 결국 맥없이 니시오지 점으로 회수되고 말았다. 각자의 정보망을 가동하고 발품을 파는 방식으로 제멋대로 만들어 온 우리의 '개성 넘치는 편집 작업'이 이미 '서점의 색깔'로 자리 잡은 탓이었다. 그 단계에 이르자 화제의 베스트셀러를 이치조지 점에서 사려는 손님은 없었다. 『해리 포터』의 참패는 '이치조지 점만의 히트 상품'을 만들어 낼 필요가 있다는 사실을 일깨워 주었다. 베스트셀러가 아니라 스테디셀러 말이다. 직원들은 '이거다!' 하고 찾아낸 한 권, 한 권을 다 팔겠다는 생각으로 주문해야 했다. 서점의 '일반적' 업무를 배우고 시도해 보았기 때문에 우리의 위치와 나아갈 방향성이 보다 명확하게 시야에 들어온 것이었다.

서점의 '미디어화'가 가져다준 것

내가 부점장 자리에 앉았던 2002년, 게이분샤 이치조지 점은 또 한 번의 전기를 맞았다. 당시 디자이너로 일하면서 아르바이트를 겸했던 직원 한 명이 '이왕 특색 있는 서점이 됐으니 웹 사이트도 제작해 보자.'라는 제안을 했다. 논의를 거친 뒤 게이분샤 이치조지 점은 자체 시스템을 만들었고 일반 서적뿐 아니라 교토발 소규모 독립 출판물과 해외 서적, 잡화 등을 취급하는 온라인 숍을 만들기로 했다. 온라인 숍은 오프라인 숍을 응축한 느낌으로 꾸몄다. 아마존(Amazon.co.jp)이 일본에 등장한 지 2년밖에 되지 않은 시점이었으니 온라인 서점을 이용하는 사람은 소수였다. 도서 물류 센터만 해도 지금은 일본에 십여 개가 분포해 있지만, 당시에는 단 한 군데밖에 없었다. 우리는 책의 표지 사진과 직접 써 붙인 리뷰 코멘트만큼은 반드시 게재하려 했다. 이치조지 점의 경우, 책을 선별할 때 중요하게 여기는 기준 중 하나가 표지 디자인이었고, 리뷰 코멘트는 우리가 상품을 대하는 자세를 명확히 나타낸다고 판단했기 때문이었다. 그때만 해도 온라인 숍이 적었으니, 처음에는 멀리 사는 고객들이 직접 오지 않고도 상품을 구입할 수 있는 통로를 만들자는 생각에서 시작한 일이었다. 그런데 언제부턴가 온라인 숍은 서서히 미디어, 정보 발신 도구로서의 기능을 하기 시작했다. 예상외의 반향이었다. 도쿄를 비롯해 전국에서 게이분샤에 오기 위해 교토를 찾는 손님이 급증했다. 잡지 취재도 급격히 늘어 몇 달에 한 번씩 오던 취재가 한때는 매달 수차례씩 이루어졌다. 자체 미디어를 갖게 되니 갤러리 전시나 이벤트 관련 정보를 더 널리 알릴 수 있었다. 또 '우리를 지켜보는 눈'이 있다는 생각을 하게 되면서 '서점의 콘셉트'에 관해 고민하고 이야기를 나누는 기회도 늘었다. 지금 돌이켜봐도 온라인 숍을 만들기 전과 만들고 난 후의 서점의 존재감은 크게 다르

창을 통해 들어오는 햇빛은 책을 더 돋보이게 한다.

다. 이제 온라인 숍은 전체 매출 중에서도 상당 비율을 차지하며 이치조지 점의 경영을 탄탄히 뒷받침하는, 없어서는 안 되는 부문으로 성장했다고 할 수 있다.

늘어가는 '상품'의 범위

이야기를 잠시 과거로 되돌린다. 내가 아르바이트로 서점에 들어오기 1년 전인 1995년, 게이분샤 이치조지 점은 서점 뒤의 목재 적치장을 고쳐 '갤러리 앙페르'를 열었다. 당시 곤도 사장은 대관 갤러리를 만듦으로써 도시 중심부에서 떨어져 있는 서점에 새로운 고객의 흐름을 만들고자 했다. 물론 대관료와 전시 판매료를 확보해 서적 판매만으로는 어려웠던 점포 운영에 숨통을 틔우려는 생각도 있었을 것이다. 갤러리까지 병설한 복합형 서점은 당시로서는 새로운 시도였다. 개관 후 몇 년 동안은 드문드문 비어 있는 기간도 있었지만 어느새 반년이 지나자 1년 후의 일정까지 잡히기 시작하더니 지금은 매주 전시가 열리는 실정이다. 1996년에는 에로틱한 환상을 담은 작품으로 컬트적 인기를 구가하던 사에키 도시오(佐伯俊男)의 원화전이 있었다. 이듬해 1997년에는 앞에서도 언급한 오니시 선배가 존경하던 만화가 사카구치 히사시(坂口尚)와 이노우에

산타(井上三太)의 작품전, '사진 신세기 우수상'을 막 수상했던 신인 사진작가 니나가와 미카(蜷川実花)의 사진전도 개최했다. 서점 직원이 작가에게 직접 기획전을 제안한 경우도 있었지만, 대부분은 '앙페르'를 흥미롭게 지켜본 편집자나 출판사가 진행한 기획이었다. 갤러리를 매개로 책을 판매하는 서점과 책을 만드는 출판사, 작가 사이의 거리가 줄어드는 만큼 '서점 안 갤러리'의 존재 의의도 점차 커졌다. 어디까지나 서점에 병설된 갤러리인지라 개관 당시에는 사진이나 만화, 일러스트 등 출판 관련 기획전이 주를 이루었으나 그 폭은 점차 넓어졌다. 웹사이트를 만들었던 2001년에는 갤러리 직원이 의류 브랜드인 '미나(현재 미나 페르호넨)'의 아이템을 전시, 판매하는 기획을 제안했다. 요즘에는 드물지 않지만, 당시만 해도 서점에서 가방이나 옷을 판매하는 행위에 대해 부자연스럽다는 평이 많았다. 망설이던 직원들의 의견은 찬반양론으로 갈렸다. 그러나 잡화와 갤러리 운영만을 담당하던 직원은 조금도 꺼리지 않았다. 상식적인 서점 이미지에 얽매여 있던 나의 반대에도 아랑곳하지 않고 그녀는 강한 확신으로 밀어붙였고, 결과는 그야말로 대성공이었다. 그 기획전은 매출 면에서 서점에 큰 도움을 주었고, 그 후 갤러리의 방향성과 새 공간 '생활관'의 출범에 영향을 미쳤을 뿐 아니라 문화, 인문서, 소설 등이 중심이었던 서적 구성의 폭도 넓어지게 하는 계기가 되었다. 같은 시기,

서점에서는 새로운 시도로 헌책도 취급하기 시작했다. 2000년에 아이치 현에서 한 여성 점주가 시작한 '해파리 서림'이라는 온라인 헌책방이 화제를 모으며 헌책의 일반적 이미지를 뒤집는 것을 보고 나도 자극을 받은 바 있었다. '해파리 서림'에서는 아무도 거들떠보지 않던 쇼와* 30~40년대(1950년대 후반~1970년대 전반)의 잡지, 이를테면 《생활의 수첩》** 등을 헌책이 익숙하지 않은 젊은 독자층을 상대로 소개했다. 게이분샤의 헌책 컬렉션은 시인이자 애서가인 도비라노 요시토(扉野良人) 씨에게 맡겼다. 그리고 도비라노 씨가 자신의 취미인 헌책방, 헌책 시장 순례를 통해 발굴한 책을 개인이 도맷값에 살 수 있게 했다. 당시 신간을 판매하는 서점에서 헌책을 취급하는 일은 드물었다. 2003년부터는 매년 갤러리를 이용해 '겨울철 대(大)헌책 시장'을 열었다. 이 행사는 열릴 때마다 호평이 따랐고 덕분에 지금은 겨울 정례 기획으로 자리 잡았다. 귀한 헌책을 만날 수 있는 다시없을 기회를 잡겠다고 멀리서 일부러 찾아오는 방문객도 늘었다. 2012년부터는 보다 많은 이에게 북헌팅의 즐거움을 제공하기 위해 '가케쇼보(ガケ書房)', '하기쇼보(萩書房)' 등 지역 내 신간 서점과 헌책방이 다 같이 참가하

---

* 昭和. 1926년부터 1989년까지를 이르는 일본의 연호.
** 생활의 수첩사에서 출판한 가정용 종합 생활 잡지. 1952년부터 같은 제목으로 현재까지 간행되고 있다.

는 이벤트로 규모를 확대했다. 이런 식으로 지금도 시공간의 변화, 고객의 반응, 직원들의 아이디어 등을 통해 다양한 자극을 받으며 게이분샤 이치조지 점은 진화하고 있다. 요즘 들어 생각해 보면 서점 차원에서는 '씨를 뿌리는' 시기였던 그때가 나 개인으로서는 많은 것을 배우고 얻은 '수확기'였다. 수익이 날지 여부도 확실치 않은데 투자를 아끼지 않았던 사장님께는 아직도 면목이 없다. 투자하는 족족 게이분샤의 밑거름으로 다 들어갔으니 말이다.

갑작스러운 점장 승진

데라이 점장은 서점 근무 경험과 풍부한 지식을 겸비한 인물이었다. 그런데 온라인 숍 운영과 전시 기획, 헌책과 잡화 판매 등 일반 서점과는 다른 길을 가고자 했던 게이분샤의 행보에 고생을 많이 했다. 끝내 서점의 방향성에 관한 의견 차가 좁혀지지 않자 그는 2002년 퇴사했다. 근무 기간이 가장 길다는 이유로 나는 갑자기 점장의 바통을 이어받았다. 자리는 점장이었지만 경영에 관한 비전도, 서점을 장악할 수완도 전혀 갖추지 못한 상태였다. 일단은 재미있는 책과 아이템을 들여와 꾸준히 선전하는 수밖에는 달리 도리가 없었다. 나는 각자 특기

분야가 뚜렷한 직원들을 데리고 있었는데, 서가를 꾸미는 일 하나에도 수많은 시행착오를 겪었다. 그러는 사이 드디어 서점의 핵심인 '서가 구성'이 변화를 맞게 되었다.

· 문고판과 하드커버, 그림책과 아트북을 함께 진열하며 문자순 인덱스는 피한다.

· '요리책', '문고판' 같은 편의상 분류를 대부분 해체하고, 각 코너는 자체적으로 나눈 주제에 따라 진열한다.

느낌에 의거해 서가를 구성하던 모호한 방법론을 말로 똑 부러지게 표현하자 직원들 사이에 공통의 가이드라인이 생겼다. 예를 들면 '오토메(乙女, '처녀, 처자'라는 뜻)' 코너에는 '오토메'라는 말의 아날로그적 뉘앙스를 지닌 다이쇼(大正, 1912~1926), 쇼와 시대의 소녀 소설과 로맨틱 도안집, 소녀라는 존재 자체에 관해 논한 책을 진열하였다. 이런 식의 주제 분류에는 여성 직원 특유의 감수성이 빛을 발했다. 이 코너를 제안한 노무라가 어느 날 소설가 호시 신이치(星新一)의 『그네 저편에서』*의 문고판을 오토메 코너에 진열했다. 소년을 주인공으로 한 판타지 소설로서 '초단편 소설의 신'이라 불리는 작가의 저서 가운데서도 이색적이라는 평가를 받는 작품이었다.

---

* 원작명은 'ブランコのむこうで', 국내에 출간되었다.

'문학'이라는 주제로만 구분되던 작가의 방대한 작품군에서 대담하게 떼어 내 '오토메' 코너에 소개하기로 한 참신한 발상은 책의 가치와 서점의 맥락에 주목할 만한 변화를 일으켰다. 『그네 저편에서』는 새롭게 여성들의 시선을 끄는 데 성공했다. 판매 호조에 주목한 출판사의 문고 영업 담당자가 일부러 인사를 하러 올 정도였다. 디자인이 산뜻한 손 제본 서적을 유리 서가에 장식한 '서재 갤러리'라는 코너도 게이분샤다운 서가로 평가받는다. 해외 초현실주의 작가의 작품과 그들의 작품을 국내에 소개한 작가 시부사와 다쓰히코(澁澤龍彥)의 작품이 주류를 이룬 이 서가는 창작 활동을 하면서 서점 일을 겸하던 직원이 만들어 냈다. 이렇게 개성 넘치는 서가를 공존시키는 작업을 통해 게이분샤의 다각적 이미지는 점차 완성되어 갔다. 점장으로서 내 취향보다는 다채로운 가치관을 제시할 수 있는 서점의 모습을 중시한 결과였다.

자체 기획 그리고 매출

점장이 되고부터는 갤러리 앙페르의 기획에도 적극적으로 관여했다. 그렇다고 서점 업무처럼 누군가에게 배운 것은 아니었다. 그저 모든 것을 우리 식으로 해결했다. 나는 당시 큐레이

신간 서가 사이사이에 헌책을 모아 놓은 코너도 상설했다.

션이라는 단어조차 몰랐다. 좋아하는 지인, 편집자들과 모여 작가와 아티스트에 관해 신나게 대화를 나누다가 "갤러리에서 뭐 좀 해 볼까?"라는 이야기가 나오면 그것이 모든 일의 발단이 되었다. 사쿄 구에서 《모던 주스》라는 무가지를 편집, 발행한 고다이 나리코(近代ナリコ) 씨도 그 모임에 참여한 한 사람이다. 현재 문필가로 활약 중인 고다이 씨는 당시 서점 근처에 살았는데, 삽화가 우노 아키라(宇野亜喜良)와 속옷 디자이너 가모이 요코(鴨居羊子)의 절판된 헌책을 여러 번 소개해 주었다. 그런 인연 덕에 그녀의 기획, 제안으로 2003년에는 'Chip Pop 우노 아키라의 세계', 다음 해에는 '가모이 요코·호소에 에코(細江英公) 미스페텐'이라는 전시를 개최했다. 그즈음에는 젊은 독자들을 대상으로 헌책 판매 및 '겨울철 대헌책 시장'과도 연계해 쇼와 시절 작가를 재발굴하는 기획을 많이 진행했다. 2004년에는 내가 직접 헌책 시장에서 발견한 한 권의 헌책을 시발점으로 삼아 디자이너 다나아미 게이치(田名綱敬一) 선생의 기획전 '위클리 TANAAMI'를 열었다. 우연히 헌책 시장에서 만난 선생께 쇼와 40년대(1960년대 후반~1970년대 전반)의 잡지 《주간 플레이보이》 증간호에 게재된 일러스트를 보여 드렸더니 아주 반가워했던 것이다. 당시 나는 선생이 반가워한 사실만 믿고 선생의 상업 디자인 작업을 집중 조명한 기획전을 개최하고 싶다며 소속 에이전시에 쳐들어갔다. 그러고는 뻔뻔

하게도 선생의 방대한 작품 중에서 전시 작품을 내 손으로 직접 골랐다. 그것도 대표작이 아니라 선생이 젊은 시절 막 그려 냈던, 본인조차 기억하지 못하는 상업용 일러스트로만 말이다. 전 세계를 무대로 활약하는 대가를 상대로 하룻강아지 범 무서운 줄 모르는 짓을 한 것이다. 전시를 열 때는 언제나 도록을 만들어 판매했다. 그때마다 예전에 함께 일했던 요코스카 선배의 손을 빌렸다. 기획과 마찬가지로 도록 편집도 독학으로 해결했다. 이들 전시는 신문 등 언론에서도 다루어 주었는데 화제를 불러일으키기는 했지만, 기대한 만큼의 이익을 낳지는 못했다. 나는 점장이 된 뒤 '책'과 '잡화', '하고 싶은 일'과 '매출' 사이에서 상당한 고민을 했다. 끝까지 서점이라는 긍지를 버리고 싶지 않았지만, 사실 이익이나 매출 단가 면에서 책이 잡화를 당해 낼 재간은 없었기 때문이다. 서점에 들어온 직후, 빌리지 뱅가드(Village Vanguard)*의 간사이 첫 진출 매장이었던 '빌리지 뱅가드 고베 하버랜드 점'으로 곤도 사장과 직원 여럿이 견학을 간 적이 있었다. 당시만 해도 빌리지 뱅가드가 취급하는 도서의 선정 방식에 큰 자극을 받았는데, 시간이 흐르면서 그들은 모든 지점에서 잡화의 비율을 키웠고 나는 점차 발

* 아이치 현 나고야 시에 본사를 둔 주식회사 빌리지 뱅가드 코퍼레이션의 서점 체인. '놀이 공간으로서의 서점'을 표방하며 서적, 잡화, CD, DVD 등을 취급하는 복합 서비스 공간이다.

길을 끊게 되었다. 그런 동종 업계 다른 점포의 행보를 보면서 서점은 서점으로서의 매력과 상품 구성을 내세워 고객을 끌어야 한다는 결론에 이르렀다. 그 시행착오의 과정이 바로 기획전이었다. 갤러리는 게이분샤에 있어 '서점'과 '잡화점'의 경계 지점이기도 했던 것이다.

빵도 팝니다

거품 붕괴 후 경기 침체기가 길어지자 패션 및 컬처 잡지의 방향성은 확연히 바뀌었다. 2002년 일러스트레이터 오하시 아유미(大橋歩) 씨가 창간한 계간지 《아르네(アルネ)》와 2003년 매거진하우스가 창간한 《구우네르(クウネル)》('스토리가 있는 것과 생활을 생각한다.'라는 콘셉트)만 봐도 알 수 있다. 이전의 여성지엔 카탈로그에 가까운 기사가 단골로 등장했는데, 그런 추세가 사라지고 생활 속 주제에서 이야기를 추구하는 기사가 대폭 늘어난 것이다. 독자들의 소비 생활에 일어난 변화를 피부로 느낄 수 있는 부분이다. 당시 게이분샤에서는 요리 실용서와 라이프 스타일에 관한 책은 거의 취급하지 않았지만, 북 디자인이 아름답거나 개성 있는 콘셉트의 라이프 스타일 관련서가 들어오면 비중 있게 다루었고 판매도 호조였다. 그런 분야

산뜻한 디자인의 자비 출판물 등을 모아 둔 '서재 갤러리'의 모습.

'위클리 TANAAMI'전, '미스페텐'전에 맞추어 발행한 도록.

의 책을 독립된 코너를 통해 소개하면 재미있는 서가가 만들어
질 것 같다는 생각을 하기 시작했을 즈음, 옆 점포에서 영업하
던 케이크 가게가 문을 닫았다. 서점 운영에 협력적이었던 건물
주는 '남이 들어오는 것보다 게이분샤가 썼으면 좋겠다.'라는
제안을 했다. 그래서 구상해 낸 것이 '생활관'이다. 나는 거기서
의식주를 중심으로 한 라이프 스타일 관련 서가를 증설하고,
그와 관련한 아이템을 새로 취급하였다. '생활관'이라는 콘셉트
는 역시 잡지와 책 등 서점에서 취급하는 출판물의 변화를 계
속 관찰해 온 결과였다. 2006년, '생활관'의 개점에 맞춰 담당
직원은 놀랍게도 빵 판매 이벤트를 기획했다. 『교토의 빵집』*이
라는 책의 출판과 함께 거기에 나오는 빵을 한정 판매하자는

것이었다. 이미 갤러리에서 옷을 팔아 봤으니 면역이 생겼다고 자부했지만, 설마 먹거리를 판매하게 될 줄이야……. 그리하여 나는 점차 온갖 분야에 관심을 가지게 되었다. 지금은 거래처 점포 방문이나 생활 잡화 구매 등 책 이외의 '공부'도 점장으로서의 업무에서 빼놓을 수 없다. 결국 나의 업무는 서점의 범주를 크게 벗어나기에 이르렀다.

가게가 변하면 거리도 변한다

'생활관'의 전시 판매도 기본적으로는 출판되는 서적에 바탕을 두고 기획, 진행한다. 가게라는 판매 공간을 빌려 책의 세계를 표현한다고 해석하자 불편한 마음도 금세 수그러들었다. 지금은 서적 발매에 맞추어 과자나 도시락을 팔고 포장마차를 만들어 여는 등의 이벤트도 심심찮게 열고 있다. 서점은 혼돈 속에 굴러가게 되었지만 '문턱이 낮아졌다.'라며 좋아하는 고객들도 많다. 책만 판매하는 것이 아니라 저자 또는 친한 인근 가게가 함께 참여하는 이벤트가 늘자 서점이라는 가게와 거리

---

* 원제는 '京都のパン屋さん', 저자는 코팽 생(Copin Cing)이다. 국내에는 출판되지 않았다.

의 관계도 훨씬 밀접해졌다.

거리가 움직이다

2002년, 가게 근처에 한 부부가 운영하는 오가닉 카페 '기사라도(きさら堂)'가 문을 열었다. 또 2005년에는 우리 서점 바로 뒤편으로 가벼운 식사까지 해결할 수 있는 찻집 '쓰바메(つばめ)'가 들어섰다. 그 전까지 서점 주변에는 책을 들고 가 잠시 쉴 수 있는 가게가 없었기 때문에 손님들에게는 귀중한 휴식처가 되었다. 그 외에도 천연 효모를 이용하는 빵집과 살림집을 개조한 잡화점이 생기는 등 서점 주위에 소리 소문 없이 개성 넘치는 작은 가게가 하나둘 늘어 갔다. 앞서 언급한 온라인 숍을 만든 이후에 생긴 변화였다. 멀리서 일부러 게이분샤를 찾아오는 손님들이 늘면서 이 지역 내 유동 인구의 흐름이 바뀌었음을 보여 주는 상징적인 현상이었다. 우리는 그 유동 인구가 게이분샤에만 들를 것이 아니라 서점 주변도 함께 둘러보라는 의미에서 2006년부터는 온라인 숍에 '가게 탐방'이라는 연재물을 올리고 인근 가게를 소개했다. '사람들이 흔들리는 한 량짜리 에잔 전철을 타고 게이분샤에 와 천천히 쇼핑을 즐긴 뒤, 구입한 책을 들고 주변 카페에 들러 쉴 수 있다면

얼마나 좋을까?' 하는 생각에서 시작한 일이었다. 그런 '체험'이 있어야만 다음에 또 와 줄 것이기 때문이다. 아이들이 학급 신문을 발행하는 것처럼 시작된 '가게 탐방'은 어느새 세상과의 연결 통로가 되었다. 같은 해 가을, 게한신(京阪神)* 지역의 정보지 《Lmagazine》이 「교토 시 사쿄 구」라는 제목으로 특집호를 간행했다. 사쿄 구의 개성과 점주들이 모인 사진으로 표지를 장식한 그 특집호는 이 거리에 생겨난 작은 공동체를 대변하는 듯했다. 특집호가 발간되고부터는 우리 서점이 잡지에 게재될 때 '사쿄 구', '이치조지' 지역과 함께 소개되는 일이 늘었다. 2008년 가을 《Lmagazine》이 두 번째로 낸 사쿄 구 특집에는 지면 대담이 실렸는데, 같은 사쿄 구에 있었던 개성파 서점 '가케쇼보'의 점주 야마시타 겐지(山下賢二) 씨도 처음으로 함께했다. 이 대담은 두 서점이 교류하는 계기가 되었고, 우리는 2010년에 소책자와 헌책을 주제로 한 이벤트를 '가케쇼보'와 공동으로 기획, 개최했다. 또 같은 해에는 사쿄 구의 개인 점포 60군데가 참가하는 스탬프 랠리 중심의 이벤트 '사쿄 원더랜드'도 시작했다. 이렇게 인근 가게와 고객이 얼굴을 맞대고, 이벤트까지 열린 것은 모두 이 거리의 자연 발생적 움직임이다. 교토 시 변두리에 있는 대학가로만 인식되며 관광지로서

---

* 교토 시·오사카 시·고베 시를 총칭하는 말.

는 주목받지 못했던 사쿄 구가 지금은 개인 점포가 빽빽이 들어선 소상인의 거리로 각광받고 있다. 나는 요즘 '내가 할 일은 책을 중심으로 한 다양한 문화를 잡지처럼 편집하는 일이다.'라는 생각을 한다. 책이 중심에 설 수만 있다면 어떤 일에 도전하더라도 게이분샤다움을 표현할 수 있을 것이다. 나는 이제 '편집 서점'을 운영하는 '편집자'로서의 시선을 서점 밖 '지역'으로 돌리려 한다. 이 거리의 사람들이 직접 꾸리는 작은 가게가 살아남으려면 상품이나 서비스에 관한 아이디어만으로는 부족하다. 업종을 초월해 거리에서 배우고, 거리와 함께 살아갈 때 비로소 서점을 비롯한 작은 가게의 미래를 이야기할 수 있을 것이다.

'생활관'에서는 커피 원두부터 그릇, 먹거리에 관한 헌책까지 폭넓게 다룬다.

게이분샤 이치조지 점과 가케쇼보가 함께 주최한 소책자 이벤트의 전단지.

'교토와 소책자 세션' 때 게이분샤 직원이 직접 발행한 소책자.

게이분샤 이치조지 점 주변의 이모저모*

1950년 서점 '산가쓰쇼보'와 찻집 '로쿠요샤' 오픈.

1963년 교토 대학교 서부 강당이 현재의 장소로 이전.

1972년 데마치야나기에 찻집 '혼아라도' 오픈.

1975년 '게이분샤' 창업.

1982년 '게이분샤 이치조지 점' 오픈.

1986년 사찰 지온지에서 '하쿠만벤 수제품 시장'이 시작됨.

1995년 갤러리 '앙페르' 오픈.

　　　앤티크 찻집 '마이고' 오픈.

1996년 저자가 '게이분샤 이치조지 점'에 아르바이트로 입사.

　　　아르바이트 면접은 10분 정도의 잡담뿐이었다고 함.

　　　11월 사에키 도시오 원화전.✚

1997년 1월 이노우에 산타 원화전.✚

　　　5월 니나가와 미카 사진전.✚

　　　10월 가와사키 유키오 원화전 '엽가·내일 쉬는 사람들' 개최. '게이분샤' 최초의 팸플

　　　릿을 편집, 발행.

　　　11월 누마타 겐키 사진전.✚ 이치조지에 선술집 '돈후' 오픈.

1998년 《모던 주스》 1호 '특집 가모이 요코' 간행.

---

* ✚ 표시는 갤러리 '앙페르'에서 열린 전시.

1999년 9월 100% ORANGE 'HOME ROOM'전✢ 개최. 이후 수차례에 걸쳐 기획전을 공

　　동 개최. 레코드점 'WORKSHOP records' 오픈.

2000년 저자가 '게이분샤 이치조지 점' 부점장에 취임, 프랑크푸르트 국제 도서전 견학. 이후

　　수년에 걸쳐 서적 구매를 위해 견학 겸 유럽 출장.

2002년 저자가 '게이분샤 이치조지 점'의 점장에 취임.

　　2월 'mountain mountain: mina'전✢

　　가방과 문구류를 판매. 예상 외로 호평을 받음.

　　4월 모리카게 다이스케 개인전 '우라모리카게 셔츠' 개최✢

　　5월 Bruno Munari전✢

　　이치조지에 카페 '기사라도' 오픈. 그 전까지는 손님이 와도 미팅을 하기 위한 카페가

　　도보권 안에 없었음.

2003년 1월 Dick Bruna 책 디자인 작업전 '블랙페어' 개최✢

　　6월 cubismo garafico exibition 'ismo!' 개최✢

　　7월 Jean-Michel FOLON전 'Folon for Olivetti' 개최✢

　　11월 'Chic Pop 우노 아키라의 세계' 개최✢

　　12월 1회 '겨울철 대헌책 시장' 개최✢ 햐쿠만벤 수제품 시장의 신청자가 많아 추첨

　　실시. 이후 매월 15일은 요일에 관계없이 '게이분샤'도 혼잡.

2004년 기타시라카와에 '가케쇼보' 오픈.

　　7월 다나아미 게이치 '위클리 TANAAMI'전✢

　　9월 가모이 요코·호소에 에코 '미스페텐'전✢

　　햐쿠만벤으로 '돈후' 이전 오픈.

2005년 이치조지에 카페 '쓰바메' 오픈.

1월 혼마타카시 사진전 '지극히 좋은 풍경' 개최.[+]

8월 시마오마호 가세키사이다전[+] '마호&사이다＝EXPO in 교토' 개최.

11월 레이먼 사비나크전.[+]

서점 '마루젠 가와라마치 점' 오픈. 시모가모에 찻집 '유게' 오픈. 다음 해에 열린 『교토의 빵집』 간행 기념 이벤트에도 참가함.

2006년 '게이분샤 이치조지 점'의 '생활관' 오픈.

《Lmagazine》 특집 「교토 시 사쿄 구」 간행.

10월 후쿠다 도시유키 '소품첩 원화전' 개최.[+]

2007년 3월 '이이다 우산 가게 2007년 봄'전.[+]

4월 100% ORANGE 작품전.[+]

2008년 2월 오노 세쓰로 '세쓰로의 공예'전.[+]

《Lmagazine》 특집 「교토 시 사쿄 구 2」 간행.

10월 BOOK ONN × KEIBUNSHA PRESENTS 'AHO AHO — EXPO'전.[+]

빵집 '지세', 서점 '가케쇼보', 공방 '시사무 공방'이 '기타시라카와 스탬프 랠리'를 시작함. 영국 《가디언》 'The world's 10 best bookshops'에 선정. 사전 통보 없는 암행 취재였으며, 기사를 소개한 블로그를 통해 게재 사실을 알게 됨.

2009년 10월 Bob Gill전.[+]

기타시라카와에 헌책방 '헌책 젠코도' 오픈.

2010년 3월 월간지 《수많은 불가사의》 300호 기념전.[+]

10월 '게이분샤'가 기획한 '한 잔의 커피로부터'전.[+] 현장에서 오쿠노 오사무×쇼노 유지×오야미노루의 토크 이벤트 개최.

1회 '사쿄 원더랜드' 개최.

게이분샤 이치조지 점이 저술한 『서점 창문에서 바라본 교토(本屋の窓からのぞいた 京都)』 간행.

2011년 1월 Robert Coutelas전.✚

7월 가이 미노리 '달콤한 노스탤지어 — 과자의 기억'전.✚

10월 '가케쇼보', '게이분샤 이치조지 점'이 '교토 소책자 세션'을 공동 개최.✚ 두 서점 이 각자 도매 책자를 제작 의뢰해 판매한 기획. 훗날 오사카에서도 개최함.

2012년 데마치야나기에 자전거 대여점 '나미이타 앨리' 오픈.

10월 무라카미 하루키 작품 속의 오하시 아유미 삽화 판화전 '샐러드를 좋아하는 사 자: 무라카미 라디오 3' 개최.✚

12월 게이분샤를 포함한 사쿄 구의 서점과 헌책방 5개 업체가 공동 주최한 헌책 축 제 '한겨울의 북 헌팅' 개최.

2013년 데마치야나기 문화 센터(DBC) 오픈. '게이분샤 이치조지 점'의 갤러리 '앙페르' 리모델링.

11월 '게이분샤 이치조지 점' 내에 이벤트 공간 '코티지' 오픈.

칼럼 1 영화관이 없는 거리

한때 '게이분샤 이치조지 점'의 건너편에는 영화관이 있었다. 요즘 유행하는 멀티플렉스 같은 대규모 영화관이 아니라 '단관 극장' 또는 '미니 시어터'라 불리는, 스크린이 하나밖에 없는 작은 극장이었다. '교이치(京一) 회관'이라는 이름의 그 영화관은 1975년에 폐관했다가 관객과 감독, 배우 등 영화 관계자들이 주도해 모은 4만 명의 서명에 힘입어 영업을 재개했다. 수개월 동안의 폐관을 거쳐 다시 개관한 극장은 꾸준히 작품을 상영했지만 결국 1988년에 문을 닫고 말았다. 손님으로 게이분샤를 처음 찾았을 때가 1993년이었으니 영화관과 서점이 길 하나를 사이에 두고 영업하는 광경을 나는 보지 못했다. 가끔 계산대 업무를 보면서 만약 지금도 맞은편에 영화관이 있다면 어떨지 상상해 본다. 그랬다면 영화 관련 서적을 더 많이 취급하지 않았을까? 지배인과 상의해 이벤트를 공동 개최할 수 있지는 않았을까? 아직도 영화관이 있다면 적어도 퇴근길에 부담 없이 한 편 보고 귀가하는 작은 행복을 누릴 수 있지 않았을까? 아쉽게도 교이치 회관이 사라진 뒤로 이 지역 사쿄 구에는 일상적으로 영화를 볼 수 있는 장소가 없다. 고작해야 대학 구내의 이벤트 상영이 전부다. 슈퍼마켓 2층에서 영업하던 교이치 회관은 솔직히 시설이 별로였다고 한다. 냉난방이

신통치 않아 겨울에는 코트를 껴입고, 여름에는 땀을 뻘뻘 흘리며 관람했다니 말이다. 게다가 도시락을 먹으며 영화를 보는 관객, 스크린 앞에 돗자리를 깔고 드러눕는 관객도 있었다고 한다. 표 끊는 아주머니는 지역 명물로 통했는데, 특집 상영으로 로비가 붐빌 때는 관객에게 입장객 줄을 세우라고 시키기도 하고, 전화가 왔으니 받으라며 관람 중인 관객을 불러내는 일도 다반사였다고 한다. 티켓 자판기가 있는 게 당연하고, 매점에서 판매하는 음식 외에는 들고 들어갈 수 없는 무균 상태의 요즘 멀티플렉스에 비하면 놀랄 만큼 느슨한 분위기였나 보다. 게이분샤와 극장 사이에 직접적인 관련은 없었던 것 같다. 그저 당시 최고의 아이돌 가수였던 야쿠시마루 히로코(薬師丸ひろ子)가 무대 인사차 오는 날이면 교이치 회관에 들어가려고 장사진을 친 관객이 게이분샤 앞까지 늘어섰다는 얘기를 듣긴 했다. 영화관 지배인은 다리가 안 좋았는지 지팡이를 짚고 '혼야라도'를 비롯한 시내 찻집과 서점을 빠짐없이 돌며 월간 일정을 배포했다고 한다. 요즘도 게이분샤에는 수많은 영화관의 상영 일정이 매월 입수되지만, 지배인이 직접 방문하는 사례는 거의 없다. 교이치 회관은 개성 넘치는 프로그램을 내세워 하루 두 편 내지 세 편을 상영했다. 주말에는 심야 상영을 포함해 하루 다섯 편을 상영하는 프로그램도 있었다. 「텍사스 전기톱 연쇄 살인 사건」 시리즈로 유명한 토브 후퍼(Tobe Hooper)

감독과 「피를 빼는 ○○」 시리즈를 대표작으로 꼽는 야마모토 미치오(山本迪夫) 감독의 작품을 연속 네 편 상영한 '공포와의 조우', 스티븐 킹(Stephen King) 원작의 영화며 오바야시 노부히코(大林宣彦) 감독의 컬트 영화 등 소녀가 주인공으로 나오는 미스터리 영화를 모아 상영한 '소녀에게 미스터리'…… 유머뿐 아니라 영화에 대한 애정까지 넘치는 독특한 프로그램이 이 극장 최대의 매력이었다. 당시를 기억하는 사람들 얘기로는 성인 영화를 작품으로서 평가하고 오즈 야스지로(小津安二郎) 감독의 작품 같은, 이른바 고전 명작과 동일한 수준으로 취급, 상영한 것도 간사이에선 교이치 회관이 처음이어서 당시로서는 참신한 시도였다고 한다. 나와 직원들은 '책과 영화. 취급 상품은 다르지만 교이치 회관이 시도했던 바와 게이분샤가 지금 하는 일에는 적잖은 공통점이 있다.'라고 생각했다. 억지스러울 수도 있는 모호한 공감을 바탕으로 우리는 『서점 창문에서 바라본 '가까운 과거'의 교토』라는 소책자를 만들어 교이치 회관에 관한 기사를 실었다. 우리는 자료를 찾으러 '교토의 기억 도서관'이 있는 교토 부립 종합 자료관을 찾아가 보았다. 하지만 교이치 회관은 고사하고 달랑 30년 전의 영화관이나 상점에 관해서도 제대로 된 자료가 거의 없었다. 헤이안 시대(平安, 794~1185)나 에도 시대(江戸, 1603~1867)의 상점 자료는 체계적으로 정리되어 있는데 바로 얼마 전에 사라진 극장이나 상점의 기록은 왜 아무도 개의치 않는 것일까? 아무리 인기 있는 영화관이었어도 사라진 뒤 남는 기록이 전혀 없다니. 수명을 다한 상업 시설에 관해 기록한 문헌이 많지 않다는 데에 일종의 쓸쓸함마저 느껴졌다. 결국 소책자에 실은 교이치 회관 관련 기사의 대부분은 술집에서 만난 이 지역 토박이에게 들은 추억이나 개인의 웹 사이트, 블로그에 실린 회상을 통해 수집한 내용으로 채워졌다. 술자리에서 취객의 이야기를 받아 적을 때는 마치 민속학자가 된 듯한 기분도 들었다. 그토록 지역 주민의 사랑을 듬뿍 받던 교이치 회관이 어쩌다 폐관했는지 모르겠다. VHS 비디오테이프가 보급되고 비디오 대여점까지 등장하면서 밤새 다섯 편의 영화를 보기 위해 일부러 극장까지 나오는 관객이 줄어든 걸까? 아니면 세 편에 고작 500엔이라는 값싼 입장료로는 극장을 유지할 수 없었던 걸까? 어찌 됐건 서명 운동까지 일어날 정도로 뜨거운 관객의 호응이 있었음에도 영업을 계속할 수 없었다는 사실은 깊은 상념을 불러일으킨다. 아무리 사랑받는다 해도 세상의 그저 그런 흐름에 밀려 문을 닫을 수밖에 없는 사례……. 교이치 회관을 생각할 때마다 게이분샤에 대한 생각도 꼭 함께 떠오른다. 영화관이 없는 거리를 당연하게 받아들이듯 서점이 없는 거리를 부자연스럽게 느끼는 사람도 적어질지 모르기 때문이다.

2 장

교토, 이곳에만 있는
작은 가게들

거리도 가게를 만든다

까다로운 지역 사쿄 구

교토 시 사쿄 구. 북으로 펼쳐진 산간 지역을 제외하면 한
쪽 끝에서 다른 쪽 끝까지 자전거로 돌아도 충분한 작은 동네
다. 슈가쿠인리큐(修学院離宮)*에 난젠지(南禅寺)**, 시모가모
신사(下鴨神社)*** 등 쟁쟁한 명소와 유적지로 유명한 거리이

자 여러 대학의 캠퍼스가 몰려 있는 거리. 교토 라멘 특유의 진한 냄새가 진동하는 라멘집부터 유기농 슈퍼마켓, 카페까지 옹기종기 밀집해 있는 데다 미래의 예술가인 예대 재학생이 떼 지어 다니는 광경은 어딘지 어수선하고도 독특한 분위기를 자아낸다. 저렴한 아파트와 셰어하우스 이용을 권하는 학생용 임대 건물이 많다 보니 시내의 다른 지구에 비해 임대료가 싸고, 그 덕에 인근 대학 졸업생들이 취직도 하지 않고 그대로 눌러앉아 '인생 재수생'이 되는 경우도 적잖다. 이 글을 쓰는 나만 해도 대학을 졸업하자마자 사쿄 구에 있는 부모님 집을 나와서 친구 둘과 독채를 나눠 쓰며 모라토리엄 시기를 구가했다. 방 3개에 다이닝 키친이 딸린 이층집에, 인접한 단층집까지 합해 집세는 12만 엔. 1인당 4만 엔으로 그 넓은 공간을 쓸 수 있었으니 여유로운 '인생 재수생' 생활을 쉽게 단념하지 못했다. 사쿄 구에는 대기업이 적고 학생 관련 시설과 상점가가 시가지를 차지한다. 그래서 양복 차림의 성인 남성은 아예 드물다. 일

---

* 교토 남부에 있는 이궁(행궁). 광대한 부지에 정자를 세운 세 개의 정원을 만들어 오솔길로 연결한 형태인데, 자연을 교묘하게 이용해 아름다운 전망과 우아한 정취가 빼어나기로 유명하다.
** 불교 선종의 사찰로 건물 대부분이 일본의 국보 또는 중요 문화재로 지정되어 있다.
*** 교토의 사찰, 신사 중 가장 오래된 부류에 속하며 유네스코 문화유산인 '고도 교토의 문화재' 중 하나로 등록되어 있다.

상적으로 마주치는 사람들의 행색은 레게 머리에 홀치기염색을 한 티셔츠를 입고 맨발에 샌들을 신은 본격 히피 스타일이다. 나이는 꽤 들어 보이는데 대낮부터 록밴드 티셔츠를 입고 빈손으로 어슬렁거리는 중년 남성도 많다. 일도 하지 않고 빈둥거리지만 별로 주눅 들지 않고 모라토리엄 분위기에서 벗어나지 못한 어른들이 살기 편한 거리인 것이다. 도쿄로 치면 세타가야 구의 중앙선 철도 부근이나 시모키타자와 근처와 비슷한 분위기라고나 할까. 그쪽과 비교하면 사쿄 구의 인구 밀도는 20분의 1 이하다. 음식점과 소매점 등 서비스업에 종사하는 사람들의 비율이 비교적 높지만, 애당초 절대적인 수로 보자면 많지 않다. 선택지가 적은 만큼 비슷한 취미나 취향을 가진 사람들을 같은 술집이나 이벤트 행사장에서 맞부딪힐 기회가 아주 많다. 그런 작은 사회에 대한 일종의 귀속 의식을 느낄 수 있다는 점이 지방 도시 특유의 속성 아닐까.

사쿄 구의 인간 교차로

대학교가 많은 덕에 사쿄 구는 교토 시내에서 가장 문화적인 지역이라는 평가를 받는다. 하지만 어느 잡지가 '사쿄 구는 교토의 라탱 지구(Quartier latin)*다.'라며 멋들어진 글이라도

쓸라치면 그 즉시 콧방귀를 뀌고 마는 냉소적인 태도야말로 이 지역 주민의 특징이다. 사쿄 구의 이름에 '좌(左)' 자가 들어 있어 그런지 진보적 기질의 사람들이 무척 많고, 오래전 활발했던 학생 운동의 잔향도 아직 곳곳에서 느껴진다. 교토 대학교 내에 있으면서 학생들이 자치권을 쥐고 있는 '교토 대학교 요시다 기숙사'나 학생 자치 단체인 연락 협의회가 운영하는 '서부 강당'도 그런 의미에서 명물이다. 이런 점만 봐도 사쿄 구는 대학이라는 지적 권위와 그 속에 있으면서도 권위에 반발하는 학생들이 공존하는 까다로운 지역이라 할 수 있다. 바로 이런 지역의 주민들만 아는 가게, 사쿄 구의 구민이라면 누구나 거쳐 가는 인간 교차로 같은 가게가 있다. 교토 대학교 부근의 선술집 '돈후'다. 밤이 되면 인근의 학생, 교수는 물론 근처에서 가게를 운영하는 동업자, 뮤지션, 작가, 편집자 등 창작 활동에 종사하는 직업인까지 사뭇 다양한 사람들이 이 집에 모습을 드러낸다. 단골 중에는 아프리카 남부 소국의 헌법 초안 작업에 참여했다는 유학생, 교토 대학교를 졸업한 청소 업체 직원 등 별의별 면면이 다 있다. 햐쿠만벤(百万遍)** 교차로에 있

---

* 프랑스 파리의 명문 대학 밀집 지역으로 대학생의 거리라 불린다. 프랑스 혁명 때까지 소르본 대학의 교수와 학생들이 라틴어로 대화하기를 즐겼다는 데에서 '라탱'이라는 이름이 붙었다고 한다.

** 교토 부 교토 시 사쿄 구에 있는 교차로의 명칭. '햐쿠만벤'은 인근의 사찰 지

는 상가 건물 3층이다. 처음 가는 사람은 좀처럼 마음이 내키기 않는 허름한 가게의 문을 열면 몇 명만 앉아도 서로 어깨가 부딪힐 만큼 작은 카운터석, 끽해야 열 명이 앉을까 말까 한 테이블 좌석이 시야에 들어온다. 이치조지에서 현재 위치로 장소를 이전하고 올해로 십 년째다. 생선 조림과 탕 종류 등 일식을 기본으로 한 안주가 인기 만점인데 일본 각지에서 들여온 각종 니혼슈(정종)도 매력적이다. 주인장 돈페 씨는 지역 내 화젯거리를 모조리 들을 수 있는 이곳에서 온갖 손님을 솜씨 좋게 상대한다. '돈후'의 뿌리는 교토의 명물 찻집 '혼야라도'에 있다. '혼야라도'는 한때 운동권 학생과 베평련('베트남에 평화를! 시민 연합'의 약칭)* 멤버, 교토 좌파 문화인들의 거점이었다. 또 단순한 찻집이 아니라 시 낭독과 포크송 라이브 공연이 자주 열려 간사이 지역 내 포크 뮤직의 기반으로 평가받던 곳이다. 지금으로부터 약 30년 전, 내가 도시샤(同志社) 대학교와 당시 히로코지(広小路) 거리에 있었던 리쓰메이칸(立命館) 대학교의 친구를 만나러 혼야라도에 드나들던 시절, 돈페 씨는 그곳에서 아르바이트를 하고 있었다.

온지(知恩寺)의 별칭일 뿐 아니라 주변 지역을 부르는 통칭이기도 하다.
* 1965년 베트남 전쟁에 반대하는 무당파 시민들이 조직한 반전 운동 단체로 1974년에 해산했다.

다카노가와 강과 가모가와 강이 합류해 Y자를 이루는 지점. 가족, 연인들로 항상 붐비는 곳이다.

단골이라는 이름의 '주주'

당시의 혼야라도는 사람이 모이는 장소로서의 기능을 중요
하게 여겼다. 그래서 단골들은 커피 한 잔으로 종일 죽치고 앉
아 이곳을 아지트로 활용했다. 그러나 학생 운동과 포크 무브
먼트가 한풀 꺾이자 이곳의 경영도 위기에 처했다. 손님의 발길
이 뜸한 가게는 객석에서 주방까지 항상 어질러져 있었다. 돈
페 씨가 제시간에 출근을 해도 가게 문이 열려 있지 않은 적이
있었다고 하니 영업도 정상적이라 할 수 없었다. 그러던 어느
날, 당시 아르바이트에 불과했던 돈페 씨가 갑자기 경영에 동참
하게 되었다. 이대로는 가게 유지가 어렵다고 판단한 돈페 씨는

'이데올로기는 접어 두고' 완전히 새로운 점심 메뉴를 선보였다. 가게를 살리기 위해 하나부터 열까지 깡그리 바꾸기 시작했다. 그 결과 혼야라도는 점차 활기를 되찾았다.

"카페가 매상을 확보하지 못하면 결국 사람이 모이는 장소로서의 기능도 못 하고 사라지리라 생각했어요. 그러니 지갑을 열고 돈을 내는 손님을 소중하게 여기자고 마음먹었죠. 당시 양식을 내놓는 음식점에선 대부분 밥을 평평한 접시에 담아냈는데, 저는 그게 싫었어요. 그래서 밥은 밥공기에 담고 된장국을 곁들였죠. 이리저리 궁리를 하고 열심히 하다 보니 점심때 120인분 정도 파는 인기 식당이 되었어요.(웃음) 지금은 다들 그렇게 하지만 정식을 먹을 수 있는 최초의 카페가 아니었느냐는 얘기를 요즘 와서 듣네요. 가게가 붐비니까 원래 있던 단골들한테는 비난도 많이 받았어요. 여기는 그런 곳이 아니다, 뭐 그런 식이었죠."

단골이라는 존재는 가게의 운영을 좌지우지하는 주주와 비슷하다. 주주의 영향력이 너무 크면 가게는 어느새 사유물로 전락해 배타적 성격을 띠게 된다.

거리와 보조를 맞추어 보다

혼야라도와 함께 세월을 보내는 사이, 돈페 씨를 포함한 가게의 공동 운영자들에게도 다양한 변화가 생겼다. 돈페 씨는 결혼을 계기로 독립을 결심하고 이치조지에 돈후를 열었다.

"개업 당시에는 혼야라도의 연장선이라 생각하고 양식집을 했는데, 손님이 전혀 없었어요. 그런데 둘러보니 이치조지 부근에는 한잔 걸치면서 느긋하게 시간을 보낼 수 있는 선술집이 많았고, 실제로 잘되는 집도 많았어요. 그래서 저도 선술집으로 바꾸기로 했죠. 사실 그때까지 저는 술을 전혀 마시지 않았어요. 하지만 거리가 원하는 바에 따라야죠. 그래서 당장 아는 생선 가게에 드나들면서 생선에 대해서도 배우고, 술도 배웠죠."

"원래 찻집에서 출발한 사람이니까 가게 분위기는 카페 같지만, 내놓는 음식은 술안주예요. 그런 데다가 음악은 록이나 팝을 트니까 사람들이 재미있다고 해요. 어쨌든 겨우 손님이 붙기 시작하고서야 비로소 가게가 가게다워지더라고요. 그런 뒤에도 나는 선술집에서 수습으로 일하면서 배운 초밥을 내놓기도 하고, 점심에 카레를 선보이기도 했죠. 정말 온갖 시행착오를 겪었어요."

나도 게이분샤에서 비슷한 시행착오를 경험했다. 아르바이트로 일했던 때는 지금으로부터 15년도 더 됐다. 이치조지 점에서는 서가에 진열할 책의 선택을 담당 직원에게 일임했기 때문에 직원이 바뀌면 상품 구성도 180도 바뀌는 상황이었다. 그러다 보니 계산대 앞에 진열된 트레이딩 카드를 사려고 고등학생들이 몰려들던 시절이 있었는가 하면, CD 코너에 현대 음악이나 전위 음악이 빼곡하게 들어찼던 시절도 있었다. 한때는 미스즈쇼보(みすず書房)*에서나 출판할 법한 딱딱한 인문서를 알차게 구비했고, 또 다른 때에는 월간 만화 잡지 《애프터눈》에서 출발한 코믹류**를 전권 갖추기도 했다. (대형 서점이라면 당연

---

* 철학, 과학, 현대사, 심리학, 사회학 등의 전문 서적을 출판하는 학술 출판사.
** 1986년부터 출판사 고단샤(講談社)가 발행 중인 월간 만화 잡지. 수많은 만화가가 이 잡지를 통해 데뷔했고, 연재된 작품들은 단행본으로 별도 출판되거나 소설, 영화, 드라마 등 여타 매체를 통해 새로운 형태로 소개되기도 한다.

한 일이지만 게이분샤에서는 공간의 제약이 있기에 10권 이상 이어지는 코믹을 모두 갖추고 판매하는 일은 거의 없었다.) 말단 아르바이트였던 나는 눈이 돌아갈 만큼 빠르게 변화하는 서가의 모습을 그저 손 놓고 바라볼 뿐이었다. 어느 서가에나 일정 수의 지지자가 있었지만, 변덕스럽게 상품 구성이 변하는 데 대해서는 비판과 불만도 많았다. 지금처럼 SNS가 있던 시절도 아니었던 터라 거리에서 우연히 마주친 고객들에게 "그 서가가 없어져서 이제 게이분샤에 갈 일이 없어요."라는 말을 듣고 당황한 적도 적잖다. 어쩌면 서점의 서가는 끊임없는 시행착오의 결과물일지도 모른다. 그 과정을 통해 고객과 대화해야 한다. 고객과의 대화에 실패한 서가의 변화는 변덕과 독선에 지나지 않는다. 게이분샤의 점장이 되고 얼마 지나지 않은 어느 날이었다. 고객이 주문한 책이 들어왔는데 살펴보니 헌책이라 해도 믿을 만큼 고색창연한 느낌의 러시아 그림책이었다. 1980년대, 소련이 건재하던 시기의 그림책을 일본어로 번역해 간행하던 '신도쿠쇼샤(新読書社)'라는 출판사 책을 고객이 주문한 것이었다. "세상에, 이런 책도 주문만 하면 신간으로 들어오는구나!"라는 이야기를 나누며 직원들과 한껏 들떠서는 서둘러 서가에 진열할 분량을 주문했다. 이후 그 러시아 그림책은 게이분샤의 스테디셀러로 자리 잡았다. 직접 대화를 나누지 않더라도 서가를 통하면 이렇듯 고객과 소통할 수 있다. 주위의 소리에 귀를 기울임으로써 서점이 유기적으로 변화할 수 있다는 점을 알게 된 사례다.

발신에서 공존으로

교토 조형 예술 대학의 남쪽, 같은 사쿄 구 내의 시라카와 시모벳토초(白川下別当町)에 2004년 문을 연 서점 '가케쇼보'도 거리와 함께 끊임없이 변화하는 가게다. 이름 그대로 벼랑을 본뜬 외벽을 자동차가 뚫고 튀어나오는, 한 번 보면 잊을 수 없는 외관의 서점이다.* '사쿄 구에 새로운 문화 거점이 생겼다.'라고 떠들썩하게 선전했던 개업 당시의 상황을 나도 선명하게 기억하고 있는데, 그때에는 상품 구성보다 개성 넘치는 영업 형태에 시선이 간 탓인지 왠지 드나들기가 망설여졌다. 점주인 야마시타 겐지 씨는 당시를 이렇게 회상한다.

"저는 시모교 구 출신이에요. 오랫동안 도쿄에서 일했기 때문에 사쿄 구의 독특한 분위기에 관해 잘 몰랐죠. 게이분샤의 존재도 개점 직전에야 알았을 정도예요. 어쨌든 게이분샤가 있으니 나는 완전히 다른 방식으로 서점을 하자고 생각했죠. 일

---

* '가케'는 '절벽, 벼랑, 낭떠러지'라는 뜻의 일본어다.

단은 '이러이러한 가게를 만들겠다.'라는 자기 철학을 가지고 서점을 시작했는데, 경영이 곧바로 벽에 부딪혔어요. 서점 문을 열고 1년이 지난 어느 날인가 가게 상황을 보다 못한 지인이 가케쇼보의 전단지를 주변 가게에 배포하러 다녔어요. 그때 돈후의 돈페 씨가 '이 동네에서 장사하려면 주변과 밀접한 관계를 맺지 않고는 어려울 것'이라고 조언을 해 줬다더군요. 그래서 다음 날부터 당장 실천에 들어갔죠.(웃음) 주변 가게에 얼굴을 내밀고, 손님들에게도 싹싹하게 다가갔고요."

"최근의 점내 이벤트들은 거의 다 외부 기획자나 작가들이 가지고 들어오는 거예요. 사실 제가 제안하는 경우는 별로 없어요. 물론 최종 형태는 '가케쇼보식'으로 손질해요. 우리 서점에서 판매하기 어려워 보이는 미니컴*이 들어왔을 때는 만든 사람에게 직접 조언도 하고, 다시 만들어 달라고 요청하기도 하죠. 그렇게 해서 고객이나 이 동네의 흐름에 맞추다 보니까 조금씩 상품 구성이 바뀌었고, 그러는 사이에 우리도 이 거리의 지역색을 띠게 된 것 같아요."

야마시타 씨가 가게를 열고 몇 년이 지나자 게이분샤에 와서 가케쇼보로 가는 길을 알려 달라는 사람, 가케쇼보의 쇼핑

---

* 미니 커뮤니케이션(mini communication). 매스컴(mass communication)의 반대 개념으로 한정된 특정 범위를 대상으로 한 정보 전달 방식(정보지 등)을 의미한다.

백을 들고 게이분샤를 찾는 사람이 부쩍 늘었다. 하도 궁금해서 직접 가케쇼보를 찾아가 서가를 유심히 살펴보았는데, 개점 당시의 이미지와는 딴판의 무언가가 있었다. 그것은 바로 동네 서점으로서의 정체성이었다. 인디 CD와 자비 출판물 등 게이분샤와는 명확히 특색이 다른 상품도 있었지만, 잡지나 라이프 스타일 관련 서적 등 자세히 관찰하면 게이분샤와 중복되는 상품도 많았다. 하지만 같은 책을 취급하더라도 점내 이미지나 진열 방식에 따라 상품이 충분히 다르게 보였다. 두 서점의 교류는 서서히 깊어졌고, 2011년 가케쇼보와 게이분샤는 '교토 소책자 세션'이라는 이벤트를 개최했다. 그 후로도 헌책을 주제로 한 이벤트를 공동 개최하는 등 고객들이 두 서점을 더 활발히 왕래할 수 있도록 지속적으로 행사를 열고 있다. 경쟁이 아니라 공존에 신경 씀으로써 거리의 동선을 자꾸 복잡하게 하는 것이다.

합리화의 함정

거리와 함께 변화하는 가게가 있는 한편, 편의점이나 쇼핑몰, 패스트푸드점은 지역의 특색이나 주민의 분포에 상관없이 어디서나 같은 상품 구성을 전제로 상행위를 한다. 『햄버거의

돈후의 가게 안 광경.
단골손님들과 관련 있는 이벤트의 전단지가 벽에 어지럽게 붙어 있다.

역사(Hamburger: A Global History)』』(앤드루 F. 스미스)라는 책을 보면 햄버거 가게가 어떻게 전 세계로 확산되었는지에 관한 내용이 상세히 나온다.

"(초기 맥도날드의 프랜차이즈 가맹점은) 시범 점포와 똑같이 지은 건물에서 똑같은 상품을 똑같은 순서로 조리해야 했다. 이런 프랜차이즈는 당시만 해도 전례가 없었다. (중략) 획일성, 예측 가능성, 안전성을 확보할 수 있는 이런 방식을 통해 맥도날드는 새로 생기는 패스트푸드 체인보다 우위에 서고자 했다."

그리하여 지속적으로 몸집을 불리던 맥도날드는 자동차 업체인 포드사의 컨베이어 벨트 시스템을 도입했다. 작업은 단순, 세분화되었으며 어느 점포에서 누가 담당하든 같은 맛을 낼 수 있게 되었다. 이 같은 경영 방식에 주목하여 맥도날드를 사들인 이가 만능 믹서 판매원 출신의 레이 크록(Ray Kroc)이었다. 그는 점포와 지역이 달라지면 미세하게나마 맛의 차이가 나는 것이 싫어서 철저하고도 엄격하게 프랜차이즈를 관리했다. 맥도날드가 현재의 모습까지 발전한 배경에는 그의 획일화에 대한 신경증적 집착이 있었던 것이다. 일본에는 레이 크록의 자서전인 『성공은 쓰레기통 속에 있다』를 '인생의 바이블'이라 극찬한 경영자도 많다. 그들은 패스트푸드뿐 아니라 패스트패션이나 휴대 전화 등을 보급시킴으로써 생활 속 소비의 모습을 크게 변화시키고 있다. 교토 시도 예외가 아니다. 기온

이나 본토초(先斗町) 같은 관광 중심지로부터 도보로 수분 내에 이동할 수 있는 번화가 시조카와라마치 주변의 변화상은 참으로 눈부시다. 지난 10년 사이에 몽땅 자취를 감춘 작은 헌책방과 전통 과자점, 카메라점과 영화관 대신에 패스트푸드점과 드러그스토어가 줄지어 들어서면서 거리의 풍경은 완전히 변했다. 나 같은 사람은 그저 빠른 걸음으로 지나치는 장소가 되어 버린 것이다. 하지만 사쿄 구라는 지역에서는 아직도 개인 점포가 끈질기게 살아남아 활황을 누리고 있다. NPO 활동이나 행정 기관의 지역 조성책에 의한 것도 아니고, 체인점이 적은 상황도 아니다. 이 지역 주민들이 모이는 '돈후' 같은 작은 가게들은 어떻게 살아남은 것일까?

프로의 돈, 아마추어의 돈

가게가 존속하려면 손님들이 내놓는 '돈'이 반드시 필요하다. 화류계의 부침과 풍습을 그린 고다 아야(幸田文)의 『흐르다(流れる)』라는 소설에는 돈에 관한 인상적인 문장이 나온다.

"아마추어의 돈은 멍청하고 지루하고 죽어 가는 돈이며, 프로의 돈은 칼로 자르면 선혈을 뿜어내는 살아 있는 돈, 두드리면 날카로운 울림을 쏟아 내는 영리한 돈이라 생각한다. 같

가케쇼보의 카운터 주변. 계산대 앞에 전단지 종류가 넘쳐 난다.

은 금전이라도 매력의 정도가 다르다."

대상의 가치를 싼지, 비싼지로 판단하는 '아마추어'와 달리 '프로'는 스스로 가치를 정하는 법이다. 프로는 비싸더라도 보기에 좋다는 이유만으로 물건을 살 수 있거니와 때로는 정 때문에 자신의 이익을 도외시하는 경우도 종종 있다. 이해타산이 빠른 '아마추어'의 세계와는 확연히 구분되는 방식이다. 이런 방식은 오래전 유흥가에도 있었다. 예전 사람들은 때때

로 형태가 없는 것이나 정해진 가격 외의 것들에 돈을 쓰면서 풍류의 미학으로 여겼던 것이다. 현대로 치환해 보면 '아마추어'의 돈은 맛과 서비스를 수치화한, 알기 쉬운 가치관을 추구하는 '합리적 소비'에 가까운 금전 감각이다. 그들은 거리에 직접 나오지 않고도 온갖 물건을 주문할 수 있고, 페트병에 든 물만 사고도 포인트를 받아 간다. 최소한의 금전 지불로 최대의 이익을 얻고자 하는 쇼핑 방식이 지금의 세태인 것이다. 세상

가케쇼보의 가게 안 광경.
일러스트레이터들이 서가와 유리창에 그려 놓은 그림이 보인다.

소설 『흐르다』는 1956년 나루세 미키오(成瀬巳喜男) 감독에 의해 영화로 만들어졌다.

사람들은 포인트나 별을 얼마나 얻을 수 있는지로 가게를 선택하는 것을 '영리하다.'라고 평가한다. 이런 때일수록 손님에게 '프로'의 미의식이 없으면 서점이건 술집이건 개인 점포는 모조리 문을 닫게 될 것이다. 이 원고를 쓰는 도중에도 사쿄 구의 어느 카페에서 쓸 수 있는 커피 티켓을 구입하라고 지인의 권유를 받았다. 이 지역을 근거지로 활동하는 음악가들의 라이브 공연이 자주 열리고, 돈후와 마찬가지로 교류의 장으로서 오랫동안 충실히 제 역할을 해 온 가게다. 그 집 냉장고가 고장 났다며 주인을 대신해 티켓을 만들어 단골 고객과 지인에게 구입을 요청한 것이었다. 이것도 일종의 '프로의 돈'이 아닐까? 누구에게 가는지 모르는 커피 값보다 다소 비싸더라도 얼굴을 드러낸 가게의 냉장고 수리비에 들어가는 돈이 훨씬 기분 좋다. 다 함께 가게를 돕자는 흔한 미담이 아니다. 나에게 이 티켓을 사는 행위는 편안한 거리를 지키기 위한 투표에 가까운 행위다. 얼굴이 드러난 가게를 선호하고, 미니멀한 경제권을 만드는 사쿄 구의 주민들. 가게를 경영하는 이와 손님과의 거리가 가까운 지역이기에 손님들은 가게의 입장을 상상할 수 있는 게 아닐까? 여기서 유통되는 '프로'의 돈이란 의리와 인정, 봉사 정신이 아니라 반경 수 킬로미터밖에 안 되는 이 좁지만 살기 좋은 지역을 지키고자 하는 매우 원시적인 투표 활동이다. 손님이 가게를 변화시키고, 때로는 가게를 지키는 '프로'가 될

수도 있는 장소. 그런 장소가 앞으로도 계속 존재했으면 좋겠다는 바람이 있기에 오늘도 나는 돈후나 가케쇼보에 다닌다.

돈후(屯風)

하쿠만벤에서만 10년 된 이 인기 선술집은 한층 더 변화하기 위해 2013년 말에 일단 폐점했다가 다시 문을 열었다.

교토 시 사쿄 구 쇼고인 히가시마치 1-2

075-751-5240

가케쇼보(ガケ書房)*

2004년 '13일의 금요일 대길일(大吉日)'에 개업. 입구 옆 '두더지 스페이스'에서는 수시로 세입자를 모집 중이다.

교토 시 사쿄 구 조도지 반바초 71 하이네스트 빌딩 1~2층

075-741-6501

---

* 현재 호호호자(ホホホ座)라는 새 이름으로 영업 중이다. 본문에는 이전한 주소지로 표기해 두었다.

칼럼 2 '카운터'의 관계성을 만드는 건축가

건축가인 야스다 가쓰미(安田勝美) 씨와는 우연히 돈후 카운터석 옆자리에 앉았을 때 주인 돈페 씨의 소개를 받아 알고 지낸다. 돈페 씨의 설명에 따르면, 야스다 씨는 예전에 점포의 설계를 맡아 준 뒤로 줄곧 가게를 찾아온다고 했다. 'Cafe & Grill 네코마치', 한국 요리 '리세', '소무시코 찻집', 대중식당인 '트라토리아 다 니노', 'Bar 분큐', '비스트로 스리지에', 'Bar IL LAMPO'. 내가 자주 다니는 카페와 술집 중에도 야스다 씨가 설계한 가게가 여럿 있다는 것을 알고, 나는 평소 별로 접할 일이 없는 점포 건축 일에 관해 물어보았다. 야스다 씨는 고등학교를 졸업한 뒤, 건축 일을 하고자 오사카에 있는 설계 사무소에서 일을 시작했다. 그러나 공예가적 기술만으로는 설계 일을 할 수 없다는 것을 깨닫고, 대학에 들어가 건축의 기초를 처음부터 배웠다. 졸업과 동시에 도쿄의 설계 사무소에 취직했지만, 도쿄의 현장에서는 너무나도 빠른 속도로 건축물이 신진대사를 거듭하고 소비되었다. 그런 상황에 염증을 느낀 야스다 씨는 다시 간사이로 돌아오기로 결심하고 회사를 나왔다. 그 후 지인의 소개로 교토에서 활약하던 건축가인 고(故) 우에사토 요시테루(上里義輝) 씨를 찾아갔다. 우에사토 씨는 요코하마 앞바다에서 목조 너벅선을 개조해 아틀리에로 쓰거나 교토의 동네 뒷산에서 텐트 생활을 하는 등 도발적인 활동을 이어 가고 있었다. 당시 우에사토 씨는 교토 시내에서 버스로 1시간가량 떨어진 오노고(小野郷)라는 산골 마을에 살고 있었다. 지금은 문화재로 지정된 메이지 시대 저택 내에 흙벽으로 지은 광이 하나 있었는데, 그곳이 그의 작업실이었다. 흡사 다실처럼 보이는 좁은 다다미방에 정좌하고 제도용 T자로 스케치를 하는 우에사토 씨의 모습을 본 순간, 야스다 씨는 그에게 사사하기로 마음먹었다고 한다. 그래서 그날로 작업실에 눌러앉았다는 것이다. 도쿄의 업무 스타일에 의문을 품고 돌아온 야스다 씨는 분명 우에사토 씨의 자세에 공감한 부분이 적잖았으리라. 그런데 야스다 씨 말고도 우에사토 씨를 스승으로 모시려는 개성 넘치는 인물들이 많았다. 캐나다에서 온 건축가, 궁 목수, 일본 전통 종이인 화지를 만드는 장인 등이었다. 그들은 1979년 우에사토 씨를 중심으로 모여 이색적인 건축 집단 '세세쓰샤(聖拙社)'를 만들었다. 세세쓰샤 시절의 야스다 씨는 예술가 기질의 우에사토 씨와 냉엄한 현실을 들이대는 시공주 사이에서 윤활유 역할을 했다. 우에사토 씨는 1억 엔 예산의 의뢰를 받으면 5억 엔 규모의 스케치를 시공주에게 내밀었다. 청구서도 제대로 적지 않는 데다 수금도 챙기지 않고, 들어온 돈은 마시고 노느라 몽땅 다 탕진해 버리는 호쾌한 보스 밑에서 야스다 씨는 시공주와 지속적인 의사소통을 유지해 냈다. 그렇게 세세쓰샤에서 20년 가까이 수업을 받은 야스다 씨는 1998년 '야스다 가쓰미 건축 연구소'를 설립해 독립했다. 야스다 씨는 업자들의 의뢰는 기본적으로 수주하지 않는다. 오로지 '개인 대 개인'의 형태로 주택과 개인 점포를 만드는 일에 특화한 작업을 한다. 교토 시내를 중심으로 작업한 점포와 주택은 벌써 50채가 넘는다. 그는 시공주와의 대화를 중시하기 때문에 회식이나 술자리를 자주 가지는데, 때로는 다투기도 하면서 이미지를 구체화한다. 각자의 자식이 친구 사이라는 것을 알고 수주한 일도 있다고 한다. 돈후의 옛 점포를 작업했을 때는 '남 앞에 나서고 싶지 않으니 주방은 보이지 않게 해 달라.'라고 요청한 돈페 씨를 '다른 사람을 고용할 처지도 아니니 본인이 직접 나와 접객을 하면서 조리해야 한다.'라고 설득해, 결국 오픈 키친을 관철했다. 돈후는 현재 돈페 씨와 대화하러 오는 손님들이 끊이지 않는 가게로 유명하다. 게이분샤 이치조지 점에서 아주 가까운 야스다 씨의 아틀리에를 방문한 적이 있다. 두 개 동이 이어져 있는 독특한 연구소 건물 중 한 동은 아틀리에로, 다른 한 동은 주거 공간으로 쓰고 있었다. 그곳 분위기는 그야말로 야스다 씨가 만든 가게 점포들과 비슷했다. 점포 건축과 관련해 야스다 씨는 이런 말을 했다.

"시간을 들여 점포를 만드는 이상, 쉽게 철거되는 건 싫더라고요. 그래서 그 지역에 어울리지 않고 튀는 건축물은 만들지 않아요. 또 가게가 오래 성업했으면 하는 바람이 있으니까 저도 손님으로 자주 가지요. 시공주와 가치관이 맞지 않으면 돈을 돌려주면 돌려줬지 그런 일은 맡지 않습니다. 그 대신 서로 의사소통이 되는데 예산이 모자라는 경우라면 폐자재를 주워 모아서라도 납득할 수 있는 결과물을 만들어 내지요."

교토 도심부에는 이 지역에 연고도, 인연도 없는 건축가들이 작가성을 내세워 만든 랜드마크라는 명목의 빌딩이 난립해 있다. 교외에는 풍경을 규격화하는 편의점과 체인점이 늘어선 실정이다. 우리 주위의 풍경이 이러하기에 거리와 개인을 소중히 여기는 야스다 씨의 자세는 귀하다. 점포를 설계한 자신이 최초의 손님이 되겠다는 그의 말이 어찌 보면 당연하지만, 관계성이 희박해진 시대이기에 더욱 고맙게 여겨진다. 그래서 야스다 씨를 찾는 이가 많은지도 모른다. 그런 의미에서 그는 점포라는 외양뿐 아니라 점포와 지역의 관계성을 설계하는 사람이다. 야스다 씨가 만든 점포의 카운터석은 손님과 손님을 이어 주고, 교토의 문화를 만들어 내는 자리다.

야스다 가쓰미 건축 연구소(安田勝美建築研究所)

교토 시 사쿄 구 다카노이즈미초 6-58

075-708-7507

http://www.yasuda-arch.com/index.html

미래는 과거 속에 있다

'미아'라는 이름의 희한한 가게

만화가이자 수필가인 쓰게 요시하루(つげ義春)의 단편에 「돌을 팔다(石を売る)」라는 작품이 있다. 생활이 궁핍한 사내가 하천에서 주운 돌을 그 자리에서 판다는 부조리한 이야기다. 발밑을 굴러다니는 돌을 일부러 돈 주고 살 사람이 어디에 있으랴. 처자식에게 버려진 취급을 받으면서도 판잣집에 앉아 돌을 살 손님을 꼼짝 않고 기다리는 사내를 보면, 아무것도할 수 없는 인간의 처연한 말로보다 차라리 '아무것도 하고 싶지 않다는' 고집이 느껴진다. 이 작품이 나름 평가받는 이유는 '남의 손가락질을 받지 않는 편안한 삶이 얼마든지 있는데도 굳이 고난의 길을 가려 하는' 주인공의 모습에 있다. 그 사내는 '무능한 인간'이 아니라 어디까지나 '무능의 인간'인 것이다. 단순히 '서툴다.'라는 말로는 설명되지 않는, 마치 이 주인공을 연상시키는 희한한 인물이 나와 가까운 곳, 긴카쿠지(銀閣寺) 옆 '마이고('미아'라는 뜻)'라는 찻집에 있다. 철학의 길*을

---

* 긴카쿠지 부근의 작은 운하를 따라 이어진 약 2킬로미터에 이르는 산책로인데, 벚꽃, 단풍, 설경이 아름다워 교토의 대표적 관광 명소로 꼽힌다. 철학자 니시다 기타로가 산책하며 사색을 즐겼다는 데서 이름이 유래한다.

벗어나자마자 교토 시내를 남북으로 가로지르는 도로 시시가타니도리를 남쪽으로 내려오면 기와 담장에 둘러싸인 하얀 서양식 건물이 모습을 드러낸다. 저 유명한 보리스 건축 사무소*가 설계한 이 서양식 건물의 2층에 있는 찻집 'GOSPEL'은 교토 및 교토 내 찻집 가이드 등에 단골로 소개되는 가게다. 지역 주민부터 관광객에 이르기까지 수없이 많은 이들이 이 서양식 건물을 찾지만, 건물 반지하에서 조용히 영업 중인 '마이고'의 존재를 아는 사람은 그리 많지 않은 듯하다. 미아……. 왜 그런 이름을 붙였는지는 알 수 없다. 다만 이름에서도 대략 눈치챌 수 있듯 함부로 넘겨짚기 어려운 성격의 가게인 것은 분명하다. 실제로 나도 '마이고'가 어떤 가게인지 최근 주인에게 직접 물어보기 전까지 당최 이해되지 않는 부분이 많았다. 그런데 솔직히 말하면 이야기를 들은 지금도 알쏭달쏭한 부분이 많다. 가게에 들어서면 바로 헌책, 앤티크 장식, 모자와 자질구레한 장식품이 시선을 사로잡는다. 그 가운데 한 단 낮게 설계된 카운터 안에 자리를 잡고 앉은 주인장 야마모토 고헤(山本耕平) 씨는 '커피와 앤티크를 즐길 수 있는 가게'라고 찻집을 소개했다. 여기까지는 평범했다. 그런데 "어느 쪽이 중심인가요?"라고

---

* 보리스는 윌리엄 머렐 보리스(William Merrell Vories, 1880~1964)를 가리킨다. 미국인 선교사이면서 건축가, 실업가로 20세기 초반 일본 건축에 큰 영향을 끼친 인물이다.

물으니 "둘 다 뭐든……."이라고 답을 했다. 커피와 앤티크 물품을 즐길 수 있는 가게가 뭐가 이상하냐고 의아해할 사람도 많겠지만, 조금만 깊이 들여다보면 평범한 가게가 아니라는 것을 알 수 있다.

'시행착오를 거부하는' 가게

야마모토 씨가 찻집 '마이고'를 개업한 때는 지금으로부터 18년 전이다. 당시에는 앞서 언급한 찻집 'GOSPEL'과의 경쟁을 피하려고 일본 전통 디저트 등을 팔았다고 한다. 그런데 '찻집이 하나둘 카페로 변해 가는 풍조를 보면서 앞날에 대한 고민이 생긴 데다 집사람이 재료 준비에 들이는 수고를 줄이고 싶어서' 커피 외의 서비스를 전면 중단했다고 한다.

"나만 해도 그래요. 찻집에서 메뉴가 뭐 중요합니까? 그보다는 장소 사용이 주된 목적이죠……."

그 같은 이유로 커피를 안 마시는 몇몇 단골들에게는 따로 음료를 권하지 않고 마실 것을 직접 들고 오게 하는 경우도 있다고 한다. 손님이 가게의 카운터석에 앉아 주인 앞에서 아무렇지도 않게 싸 온 음식물을 먹고 마시는 묘한 풍경을 나도 여러 번 본 적이 있다. 매상에 도움이 안 되는 손님이 죽치고 앉

긴카쿠지 부근의 시시가타니도리에서도 유독 눈길을 끄는 서양식 건물.

아 있는데도 주인은 특별히 신경 쓰는 기색도 없었다. 가게의 매상을 책임지는 또 하나의 상품군인 앤티크 물품은 어떻게 들여올까?

"지인의 소개를 받아 개인 주택으로 매입하러 가거나 해요. 아니면 근처 슈퍼마켓 앞에서 열리는 즉석 판매회에 가서 의외의 보물을 찾아내기도 하고요. 특별한 경로가 없어요."

헌책의 경우는 각지의 '헌책 조합'에 가입하면 시장에 덜 나도는 책도 비교적 쉽게 입수할 수 있다. 하지만 경쟁 입찰이나 매입을 위한 목돈 마련, 재고 확보 등 조합 규칙을 번거롭게 느꼈던 모양인지 그런 류의 조합엔 가입할 생각조차 없다고 했다. 주인장은 "로 리스크 로 리턴(low risk low return)이 제 신조예요."라고 잘라 말한다. 가게의 정적을 깨는 소리라고는 가끔 들리는 괘종시계의 울림뿐이다. 행여 시간이 멈춘 듯 조용한 이 점포에 손님이 들어왔다 해도 자잘하게 널린 책과 잡화류가 판매용 상품인 줄 아는 사람은 적다. 사람들은 이 가게를 '복고풍'이라는 말로 설명하지만, 내가 볼 때 야마모토 씨는 복고주의라기보다는 현재를 싫어하는 성향이다. 그리고 부정적인 느낌이 드는 말이기는 해도 그런 신념이 이 점포를 지속시키는 원동력인 것 같다.

"기본적으로 사람(조직, 집단)이 싫고, 장사도 싫고, 세상에서 나오는 새로운 상품도 싫어요."

사람도 싫고 장사도 싫은데 가게는 왜 열었을까?

"주관적인 측면에서 말하자면 가업을 잇기는 싫었어요. 객관적으로 봐도 나는 그게 힘든 사람이고요. 그렇다고 샐러리맨이 돼서 회사에 몸 바치기도 싫어요. 그래서 결과적으로 내 맘대로 할 수 있는 내 가게를 개업하기로 한 거죠. 모리시게 히사야(森繁久彌)가 사장을 하고, 우에키 히토시(植木等)가 평사원을 하던 시절이라면 회사에 들어갔을지도 모르지만."

고도 경제 성장기에 스크린을 주름잡았던 두 배우였다. 모리시게 히사야가 사장 역을 맡았던 '사장 시리즈'*와 우에키 히토시가 이끈 희극인 그룹 크레이지 캣이 출연한 '크레이지 영화'**가 막을 내린 1970년대 초반, 가정에는 이른바 '신이 내린 세 가지 보물'인 텔레비전, 세탁기, 냉장고가 보급되었다. 더구나 오사카 만국 박람회가 열리면서 에어컨과 자동차가 일반화되기 시작했다. 바로 그 시기를 경계로 사람들의 소비 방식이 급격히 변화했다.

---

* 1956~1970년에 제작된 코미디 영화 시리즈. 모리시게 히사야가 주연으로서 사장 역을 맡아 오랜 기간 인기를 끌었다. 횡포가 심한 대주주 아래에서 열심히 일하는 월급 사장과 사원들의 애환을 코믹하게 그린 작품들이다.

** 1962~1971년에 크레이지 캣의 구성원들이 주연을 맡았던 코미디 영화의 총칭. 무책임 시리즈, 일본 내 최고 시리즈, 크레이지 작전 시리즈, 사극 등으로 분류된다. 우에키 히토시는 '일본 내 최고 시리즈'를 통해 무책임한 사내에서 맹렬하게 업무에 매진하는 능력자로 변신하는 회사원 역할을 맡았다.

어차피 유사품 아닌가

"과거에 이미 훌륭한 상품과 작품이 완성되었는데 어째서 그 유사품의 재생산을 기대하고 소비해야 하죠? 그저 라벨만 바뀌는 건데 말이에요. 라벨을 보고 소비한다는 건 상품 자체의 우열은 뒷전으로 미룬다는 얘기에요. 저는 남들이 정해 놓은 가치관에 휘둘리고 싶지 않아요. 불필요한 부가 가치를 붙여서 장사할 바에야 차라리 아무 일도 안 하는 게 낫다고 생각합니다. 유럽 같은 데를 보세요. '올해는 이 상품, 내년에는 저 제품' 같은 얘기를 안 하고도 계속 그 자리에 있는 가게가 많아요. 언제나 같은 물건을 파는데도 그런 가게를 흔쾌히 수용하는 분위기가 그쪽에는 있는 거죠. 저도 그러고 싶어요. 교토 사람들이 좋아하는 말 있잖아요. '그럭저럭, 슬슬!' 그렇게 장사할 수는 없나 하는 생각을 해요. 브랜드고 뭐고 상관없이 오래된 물건의 소박함을 소중하게 여기는 한 우리 마음은 황폐해지지 않아요."

현재 유통되는 상품을 '유사품'으로 단언하는 것을 보니 '현재'를 어지간히 싫어하나 보다. 야마모토 씨는 또 이렇게 말했다.

"극단적으로 말하면 이래요. 자동차를 예로 들면 도요타건 닛산이건 근본적으로는 큰 차이가 없단 말이에요. 그런데 맹

어두운 실내등 아래 복고풍 잡화가 눈길을 사로잡는다.

신하기라도 하듯 어디가 특별히 좋다, 어디가 다르다는 얘기를 한다는 게 말이 안 된다는 거죠. 저는 다른 사람보다 훨씬 객관적으로 보려고 하니까 영업이나 홍보가 적성에 맞지 않아요. '이런 가게를 만들겠다.'라는 생각이 아니라 '이 정도라면 내가 할 수 있겠다.'라는 생각으로 문을 연 곳이 지금 이 가게예요."

세상의 모든 유행

야마모토 씨는 '고깃집 크로켓은 어딜 가서 먹으나 다 비슷한 맛이다. 그래도 고깃집이라면 어디든 크로켓을 판다. 그런 당연한 것의 가치를 인정하는 세상이 나의 이상향'이라고 말한다. 삶이 풍족해지고 라이프 스타일이 다양해지면서 소비자들은 질보다 브랜드를, 예전부터 쓰던 물건이 아니라 최신 제품을 선호하게 되었다. '포식의 시대'라 불린지도 오래다. 이런 가운데 전문점이라는 식당들은 햄버그스테이크며, 떠들썩하게 등장했다가 금세 사라진 '순두부'와 '블랙 탄탄면' 같은 일과성 유행을 좇기 바쁘다.『패션 푸드, 있습니다(ファッションフード、あります)』*라는 책에서 저자 하타나카 미오코(畑中三応子)는 그

---

* 저자가 주장하기를 현대 일본은 먹거리마저 '새로움'이라는 가치관에 지배받

러한 정보 과다 식품을 '패션 푸드'라 정의하고 그 같은 발상역시 만국 박람회가 개최된 1970년 무렵부터 나타나기 시작했다고 주장한다.

"1970년에 시작된 국철의 '디스커버 재팬' 캠페인과 보조를 맞추듯, 국내 여행은 '탈도시' 경향을 띠었다. 영화나 드라마의 배경도 오래된 동네가 아니면 후보에서 제외되는 형편이었다. (중략) 그런 곳에서 맛보는 촌스럽고 희귀한 향토 요리와 전통 과자가 파리의 크루아상이나 크레이프와 동일한 가치를 지니는 패션 푸드로 부상했고, 동시에 사람들은 산골의 수타 메밀이나 된장 꼬치구이야말로 감성에 호소하는 음식이라고 칭송했다."

유행이란 소비 경향이 어떻게 변하는지를 보여 주기 때문에 여러 세대에 걸쳐 계승되지는 않지만, 그 대신 같은 경향이 시간을 두고 반복되어 나타나는 성격을 지닌다. 만국 박람회가 열리고 30년 뒤, 거품이 꺼진 불경기 아래에서 다시금 시골살이와 향토 요리의 '재발견', 소박한 민박 여행이 잡지를 중심으로 온갖 매체를 휩쓸었던 기억이 새롭다. 그러나 모름지기 문화란 불과 수십 년 사이에 그렇게 간단히 변화하지 않는다.

는 탓에 유행의 성쇠가 급격하게 나타난다고 한다. 그리하여 옷, 음악, 대중문화와 동일한 개념으로 소비되는 음식을 '패션 푸드'라 명명했다.

교토의 시장만 봐도 많은 이들이 옛날부터 써 온 물건을
사고파는 장면을 흔히 볼 수 있다.

언론이 변덕스럽게 띄웠다가 밀쳐놓는 동안에도 시골살이와 수세공, 향토 요리는 문화로서 변함없이 제자리를 지켰다.

'슬슬'이 통용되지 않는 시대

1990년대 초반, 중학생 때였다. 《주간 소년 점프》*를 읽는지, 그 외의 다른 만화 잡지를 읽는지를 두고 학급 아이들은 크게 두 부류로 나뉘었다. 그만큼 《주간 소년 점프》는 인기였고, 매번 600만 부 넘게 발행됐다. 거품이 꺼지기 전, 서점은 전국에 2만 7000군데나 있었다. (경제산업성 통계에 따라) 대충 계산하면 서점 하나당 평균 200여 권의 《주간 소년 점프》를 팔아 치운 셈이다. 그런 시대였으니 주간지만 팔고도 '슬슬' 매상을 올릴 수 있는 서점이 존재했다. 그로부터 20년 이상 지난 지금, 우리 주위에는 웬만한 주간지라는 주간지는 다 갖춘 편의점 외에도 서적 구비 면에서 대형 서점을 가볍게 앞서는 아마존까지, 서적과 잡지를 입수할 수 있는 경로가 차고 넘친다. 오락의 선택지는 늘었고 잡지의 간행 부수는 끝없이 추락하는

---

* 슈에샤(集英社)가 발간하는 주간 만화 잡지. 1968년에 창간해 지금까지 발행되고 있는 일본의 대표적 아동 잡지다.

오늘날, 그 어떤 서점도 '슬슬' 살아갈 수 없다. 게이분샤에서는 서적과 잡지가 고작 20퍼센트의 매상 총이익밖에 남기지 못하는 탓에 이율이 높은 생활 잡화까지 취급하고 이벤트를 개최해 겨우 지금까지 살아남았다. 주위를 둘러보면 가게 앞에 《주간 소년 점프》를 쌓아 놓고 진종일 서가의 먼저를 털어 내던 그 옛날의 작은 서점들은 전부 자취를 감추고 말았다. 찻집, 앤티크 가게도 마찬가지다. 아이디어를 짜내지 않으면 생존이 어려운 세상이다. 이런 시대에 고집스럽게 자신의 이상을 논하는 야마모토 씨의 괴짜 기질 덕에 '마이고'는 시대조차 초월하려는 듯 보인다.

개의 눈으로 세상을 보면

"『도연초(徒然草)』*의 세계관을 좋아해요. 세상의 흐름으로부터 자기 자신을 제외시킨 뒤 멀찍이서 바라보는 어투가 특히 좋아요. 수필가 야마모토 나쓰히코(山本夏彦)도 『개의 시선으로 세상을 바라보다(犬の目線になって世界を眺めてみる)』 같은 글

---

* 1330년 요시다 겐코(吉田兼好)가 수상(隨想), 견문 등을 즉흥적으로 기록한 상하 두 권의 수필. 빼어난 미의식을 지닌 작품으로 '일본 3대 수필'이라 평가받는다.

을 썼는데, 그런 식으로 세상을 바라보면 대부분의 세상일에 동요가 없지요."

야마모토 씨의 이야기는 '극단적인 시대착오'라는 느낌도 들지만, 700년 전 과거와 지금이 맞물리는 거시적 관점이 재미있다. 그러고 보니 교토 사람들 사이에서 '지난 전쟁'이라 하면 터무니없게도 1464년에 일어난 오닌의 난(応仁の乱)*을 가리킨다. 과거와 함께 현재를 살아가는 교토 사람들 사이에는 경쟁에서 승리를 거두고 몸집을 불리기보다는 변치 않는 모습으로 노포의 간판을 지키고, 오래도록 그 자리에 있는 것 자체가 가치 있는 일이라는 사고방식이 예전부터 존재했다. 시류를 읽고, 기업을 일으키는 것이 아니라 아무리 시대가 변하더라도 선대가 지켜 온 자세 그대로 가업을 지키는 것을 미덕으로 여기는 것이다.

** 1467년부터 1477년까지 쇼군의 후계자 문제를 놓고 일어난 내란이었다. 11년에 걸친 전쟁으로 교토는 황폐해지고 천황과 귀족, 무가의 저택은 잿더미로 변했으며 사원 등의 중요한 보물 및 기록도 소실되었다. 일본인들에게 가장 가까운 과거의 '전쟁'이라 하면 대부분 '2차 세계대전'을 가리키지만, 2차 세계대전의 피해가 적었던 교토 사람들은 '지난 전쟁'이라 하면 '오닌의 난'을 가리키는 경우가 많다.

헌책과 장식물, 모자 등이 즐비한 이 광경을 보면 21세기라는 생각이 들지 않는다.

교토식 장사법

가모가와 강과 다타노가와 강의 합류 지점 바로 옆에 위치한 데마치 마스가타 상점가에 '데마치 후타바'라는 작은 떡집이 있다. 1899년 창업한 이래로 3대에 걸쳐 변함없는 상품 구성과 점포 규모를 유지하고 있으며, 손님의 행렬이 끊이지 않기로 유명한 가게다. 교토엔 지역 주민들은 쳐다보지도 않는데 타지 사람들만을 노리고 판매하는 상품도 많다. 그런 곳에서 관광객뿐 아니라 이 지역 주민들에게도 사랑받는 상품이 있으니, 바로 이 집의 '콩떡'이다. 그날 판매할 분량이 떨어지면 냉큼 문을 닫고, 가게나 공장을 확대하지도 않으며 고집스러우리만큼 확고한 철학을 가지고 '데마치 상점가의 후타바'로서 그 자리를 지켜 줘서 고맙다. 으스대지 않고, 젠체하지 않는 자세야말로 교토 사람들이 이곳을 명소로 치는 이유다. 주위를 돌아보면 그런 자세의 노포가 교토에 꽤 많이 남아 있다는 사실을 알 수 있다. 생각해 보면 어릴 적부터 부모님과 외식하러 나갈 때면 교토 전통 요리나 유도후(삶은 두부)가 아니라 오래된 중국 음식점이나 고깃집으로 갔다. 그리고 그때 부모님과 함께 갔던 가게를 지금은 내가 번 돈으로 다니고 있다. 이곳 친구들도 다들 같은 경험이 있다고 이야기한다. 세상 사람들은 교토 사람들이 새로운 것을 좋아한다고들 하지만, 나는 '오래 변치

상점가의 일상적 풍경이 된 화과자 전문점 '데마치 후타바' 앞 행렬.

않는 것들에서 느껴지는 편안함'을 가치 있게 여기는 기질이 이곳 교토에 뿌리내리고 있다고 믿는다. 서점이나 출판업계의 경우, 인터넷이나 전자 서적 등의 새로운 매체가 몰고 온 영향이 결코 사소하지 않다. 하지만 여태 이어 온 독서, 출판 같은 행위가 우리 세대에서 극적으로 변화하리라는 생각은 들지 않는다. 이집트 나일 강에서 생겨나 5000년 동안 이어진 책의 역사가 몇 년 사이에 송두리째 디지털화하리라는 예측이야말로 '개인'의 시선에서 본 유행에 불과하지 않을까? 오락의 선택지가 늘어나고 그중 책이 차지하는 비율이 점차 줄어드는 현상

이야 분명하지만, 인쇄된 종이책이 세상에서 소멸하기까지는 틀림없이 방대한 시간이 걸리리라 본다. 문화는 유행처럼 개인의 성급한 시간 속에서 소비되는 것이 아니며, 변화 자체를 거부하는 야마모토 씨 같은 사람도 적잖이 존재하기 때문이다.

뒤를 돌아보다

"제게는 '뒤'가 '앞'이에요. 말이 너무 어려웠나요?(웃음) 무슨 말인가 하면 소비 사이클이 점점 빨라지는 요즘, 조금씩 뒷걸음질하는 것밖에는 미래의 상황을 개선할 방법이 없다는 거예요. 악마의 기계(인터넷)가 탄생하고부터는 사람도 그렇고, 장사도 그렇고 갈수록 균일해지고 있어요. 이건 분명히 퇴화죠. 앤티크 물품만 해도 그래요. 지금은 전국 규모로 시세가 고정되어 있잖아요. 파는 사람이 자신의 미의식을 기준으로 가격을 정해야 사는 사람에게도 귀한 물건을 찾았다는 즐거움이 있는데 말이죠."

소비 사회는 빠르고 편리하면 '성장'했다고 본다. 이런 사회에서 인터넷의 보급은 크나큰 진화라 할 수 있을 것이다. 하지만 그로 인해 가격과 서비스는 수치화되고 소비자들은 최저가와 속도만을 추구하게 된다. '슬슬' 움직여도 되던 오래전 상업 형태는 경쟁으로 도태하고 있다. 이대로 가면 미의식이나 각자가 중요하게 여기는 부분처럼 수치화하기 어려운 요소들은 잊히고 말 것이다. '마이고'는 세상의 흐름에 역행하는 고집스러운 가게다. 시류를 무시하고 그저 자기 나름의 스타일로 가게를 유지하는 모습은 '금전 가치가 없는 돌에 가격을 붙여서 파는' 당찮은 시도와 어딘지 닮아 있다. 세상의 발전에 역행하며 살기로 결심한 야마모토 씨도 '마이고', 즉 미아다. 그의 초연한 모습을 보면 서점을 운영하는 자로서 느끼는 바가 많다. 책과 잡화를 함께 파는 복합 점포, 북 카페, 소규모 출판 전문점, 북

코디네이터……. 서점과 관련한 각종 업종도 시대와 함께 다양
해졌고, 게이분샤도 물론 그 흐름을 타고 있다. 매체의 다양화,
유행의 급격한 변화에 흔들리지 않고 필사적으로 시행착오를
겪어 왔지만 이즈음에서 다시 한 번 서점의 가장 기초적인 매
력을 생각해 볼 필요가 있을지도 모르겠다. 눈앞의 매출과 시
류에 현혹되려 하는 순간이 오면 '마이고'를 찾아가 잠시 '뒤'
를 돌아보아야겠다.

마이고(迷子)

1995년 야마모토 고혜 씨가 커피와 앤티크 판매점으로 개업. 커피 500엔.

교토 시 사쿄 구 조도지 가미미나미다초 36 GOSPEL 1층

075-771-4434

칼럼 3 가난한 자들의 교토

"절과 마이코(舞妓)*는 교토의 2대 상징이다. 절 앞에 마이 코를 세워 놓으면 그 자체로 교토의 그림이 된다. 둘 다 아무것 도 생산하지 않는다."

지금으로부터 50년도 더 전에 민족학자인 우메사오 다다 오(梅棹忠夫)**는 『우메사오 다다오의 교토 안내(梅棹忠夫の京都 案内)』라는 저서에서 이렇게 적은 바 있다. 이 이야기에 나타난 '절과 마이코의 교토'라는 퍼블릭 이미지***는 아직도 건재하다. '둘 다 아무것도 생산하지 않는다.'라는 점에 주목해야 하는데, 바깥에서 본 교토는 생산성이 낮은 도시다. 교토 부(京都府)**** 에 속한 얼마 안 되는 상장 기업마저 대부분 교외에 자리 잡고 있으니 더 그런 생각이 든다. 시내에서는 농사를 위한 전원 풍 경도, 제품을 생산하는 공장도 찾아볼 수 없다. 섬유업은 10년

---

* 15살에서 18살의 소녀들로 이루어진 예비 게이샤.

** 1920~2010. 일본의 직업 생태학자, 민족학자, 미래학자. 다양한 학문 분야의 경계를 뛰어넘어 광범위한 연구 성과를 낸 대가로 꼽히는 인물. '정보화 사회'라는 용어를 최초로 만든 인물이기도 하다.

*** 어떤 이미지를 통해 도시 주민의 대다수가 공통적으로 느끼는 물리적 현실, 공통의 문화, 기본적 생리학적 특질의 세 가지 요소가 상호 작용을 하는 경우, 그 것을 퍼블릭 이미지(Public Image)라고 부른다.

**** 부(府)는 도(都), 도(道), 현(県)과 함께 일본의 광역 지자체 단위.

도 지난 예전에나 활발했고, 겉보기에 활기차 보이는 관광 산업에 종사하는 사람도 극히 일부다. 대학이 몰려 있어 전체 인구 중 대학생이 차지하는 비율이 유독 높은 교토에서는 '관광객'을 대상으로 하는 소규모 장사와 함께 '학생'을 상대하는 장사의 비율이 높다. 또 대학생에게 값싼 아파트를 소개하는 부동산이나 음식점 같은 개인 대상 서비스업, 즉 직장인이 아니라 장사에 종사하는 사람들이 많은 것도 교토의 지역색이다. 특히 사쿄 구처럼 대학이 몰려 있는 지역에서는 손님의 대부분이 대학생이기 때문에 '돈이 없는 손님이 많다.'라고 바꿔 말해도 될 정도다. 대학생들은 예나 지금이나 가난하니 가난한 사람들을 상대하는 장사치 역시 가난하다. 벌써 15년째 대학가 서점에서 일하고 있는 나도 뼈저리게 공감한다. 대학생이 많은 지역은 모든 것이 학생들의 가치관에 따라 크게 좌우된다. 예를 들어 학생들이 술자리를 열 때 '질은 상관없다.'라며 무조건 가격만 저렴한 가게를 찾는지, 아니면 맛이나 분위기 같은 부가 가치까지 포함해서 가게를 평가하는지에 따라 거리의 풍경이 바뀐다. 전국적으로 사업을 전개하는 선술집 체인에 가면 손님 입장에서는 비용이 싸게 든다. 하지만 그런 점포의 식자재는 해외에서 직수입했거나 때로는 조리까지 다른 지역의 공장에서 일괄적으로 이루어졌을 가능성이 크다. 그런 가게에서 쓰는 돈은 자신이 사는 거리로 환원될 가능성이 적다. '무조건

싼 가게'에 인기가 집중되면 디플레이션이 발생하고 대량 매입, 대량 생산을 할 수 없는 개인 점포는 가격 경쟁에서 밀리게 되어 결과적으로 자취를 감출 수밖에 없다. 싸기만 하면 좋다는 생각에 제동을 걸 수 있는 주체는 경제가 아니라 문화의 힘이 아닐까? 공장에서 만들어진 균질의 요리를 무엇 하나 특별할 것 없는 가게에서 먹기보다는 다소 비싸더라도 주인의 고집을 느낄 수 있는 가게로 찾아가 점주가 특별히 아끼는 술을 묻고 배우거나 단골들 사이에 섞여 갖가지 이야기를 듣는 학생들의 의식이야말로 사쿄 구 주변에 개인 점포가 존속할 수 있는 힘이다. 학창 시절부터 서점에 몸담은 지 15년. 수많은 학생을 만나고 관찰해 왔다. 최근엔 어깨에 잔뜩 힘을 주고 장 주네(Jean Genet)나 미셸 푸코(Michel Foucault)의 책을 사러 오는 학생들은 많이 줄어들었다. 그들도 분명 책의 내용에 빠져 있었다기보다는 일종의 급격한 성장을 겪었던 것이리라. 그 방향이 엉뚱했다 할지라도 그들의 의기에는 박수를 보낼 만했다. 그에 비해 요즘 대학생에게는 성장을 위한 지식이나 미의식보다 친구들과 공감하기 위한 도구나 소비의 우선순위가 높다. 그러다 보니 매달 지불해야 하는 통신 요금이 커 다른 곳에 쓸 수 있는 돈이 분명 줄었다. 그런데도 점심 값을 줄여 가면서까지 중고 음반을 사 모으는 젊은이들이 있다. 그들에게 제안한다. 직접 찾아간 가게나 행사장의 사진을 찍어 올려 친구들에게 '좋아요!'를 받는 것도 좋지만, 그 가게 또는 행사장에 온 선배들의 대화에 끼어 술 한잔 얻어 마시는 과정을 통해 조금 더 성장하는 것은 어떨까? 의사소통 능력에도 도움이 될 거라 생각한다.

데마치야나기 역 근처에 젠쇼도(善書堂)라는 헌책방이 있다. 지금도 그런지는 모르겠지만, 젠쇼도는 헌책방이기도 하면서 동시에 전국적으로도 찾아보기 드문 '책 전당포'로서의 역할도 했다. 가난한 대학생들이 전질 서적을 잡혀 두고 얼마간의 현금을 융통했는데, 설령 돈을 못 갚는다 해도 그 책이 판매대에 오르는 일은 거의 없었다고 한다. 역시 교토는 가난하지만 책을 사랑하는 학생들의 도시인 것이다. 탤런트 뺨치는 화려한 외모의 객원 교수나 비즈니스스쿨 같은 실용 학문이 판을 치는 요즘, 대학 주변에서조차 도움이 되지 않는 (또는 그렇게 보이는) 문화·예술 분야의 학문에 아직도 뜻을 둔 학생을 보면 낭만마저 느껴진다. 나 자신이 그와 비슷한 길을 걸어와서인지도 모르지만, 그들에게선 '부자가 되는 것만이 성공하는 길은 아니야!', '쓸데없을 것 같지? 그래도 난 한다!'라는 오기와도 같은 자부심이 보인다. 실용 학문과는 동떨어진 난해한 철학서를 옆구리에 끼고 단골 술집에서 심각한 얼굴로 좋은 술을 마시는 대학생의 모습을 볼 때마다 마음속으로나마 '그래도 교토대학교구나!', '예대생다워서 좋다. 멋지다!'라는 격려를 보내곤 한다. 작가 하시모토 오사무(橋本治)는 저서 『가난은 옳다!(貧

곤は正しい!)』에서 '그대가 젊은이라면 가난해도 좋다.'라고 설파한 바 있다. 젊기 때문에 가난한 것이 아니라 젊음은 가난과 통한다는 말이다. 권력과 자본에 기대지 않고 재능과 노력으로 세상에 맞서려고 하는 자세가 곧 젊음이라는 의미다. 저렴한 임대 건물이 있고, 성장하는 젊은이들에게 술 한잔 사 줄 수 있는 선배나 술집이 있으면 가난한 젊은이도 살아가는 데 곤란을 겪지는 않을 것이다. 가난이 옳다면 가난한 사람이 만드는 거리도 옳다. 그리고 가난한 사람이 살아갈 수 있는 환경을 제공하는 거리도 마찬가지로 옳다.

서점은 동네의 선생님이었다

'책의 내용'이 아닌 매력

1960년대 말 일본의 전설적인 록밴드 잭(JACK)의 보컬 하야카와 요시오(早川義夫) 씨는 그룹을 해체한 뒤 가와사키 시에 서점을 열었다. 저술가이기도 한 하야카와 씨의 저서 『나는 책방 아저씨(ぼくは本屋のおやじさん)』 속에 이런 구절이 나와 있다.

"책방을 좋아하는 사람은 책을 배달해 달라는 말을 하지 않는다. 그런데 책의 내용만을 좋아하는 사람은 책도 우유처럼 배달해 달라고 할 것이다."

하야카와는 '책방을 좋아하는 사람'이었던 것 같다. 저 책이 출간된 당시에는 인터넷도 없었다. 거대 온라인 숍이나 다운로드 스토어에서 책이나 음악을 사고파는 방식이 당연해진 오늘날에도 마음을 울리는 구절이다. '책방을 좋아하는 사람'과 '책의 내용만을 좋아하는 사람'은 어디가 다른 걸까? 그 답을 찾기 위해 나의 체험을 되돌아보고자 한다. 나의 친가는 교토 산조(三条) 상점가에서 메밀국숫집을 했다. 가게에 얼굴을 내밀면 할아버지, 할머니께서는 꼭 용돈을 쥐여 주셨다.(솔직히 말해서 가게에 찾아가기만 하면 용돈을 주신다는 것을 알고 있었다.) 용돈을 받으면 나는 '몇몇 단골 가게'를 향해 거리를 잽싸게 내

달렸다. 그때 나는 만화 잡지 《가로》나 그것을 출판하던 '세린도(靑林堂)'의 비주류 만화에 푹 빠져 있었다. 그래서 규모는 작지만 비주류 작품을 많이 구비한 '산가쓰쇼보(三月書房)'라는 서점을 자주 다녔다.

진열에서 '배우기'

오래된 골동품 가게와 양과자점이 즐비한 데라마치니조기타(北) 상점가의 산가쓰쇼보 입구에는 주간지와 문예지가 잔뜩 진열되어 있다. 떠들썩한 바깥 분위기와는 딴판으로 고요한 정적이 감도는 가게 안으로 조심스레 발을 들여놓으면 중앙에다 책 진열대를 놓아서 공간을 좌우 둘로 나눈 열 평 남짓한 가게 내부가 한눈에 들어온다. 안쪽 깊숙한 곳에 자리 잡은 카운터에는 2대 점주인 시시도 교이치(宍戶恭一) 씨가 파이프를 물고 앉았고, 입구 오른편으로는 개성파 코믹 작가들의 작품이, 오른편 서가 중앙에는 이와나미 문고*가 빼곡히 꽂혀 있다. 또 입구 유리문 안쪽에는 시가집, 왼쪽 서가에는

---

* 1914년에 출판업에 진출한 이와나미쇼텐의 대표적 문고판 시리즈. 저렴한 가격에 책을 유통시켜 보다 많은 이들이 부담 없이 학술 저작물을 읽을 수 있게 하겠다는 목적으로 1927년에 창간되었으며, 현재까지 5600여 종이 출간되었다.

아나키즘 및 음악 등에 관한 전문 서적이 깔끔하게 진열되어 있다. 환상 문학 등을 취급하는 '페요틀 공방'처럼 독특한 소규모 출판사의 책들도 눈에 띈다. 서가를 비어져 나올 듯 빽빽하게 꽂힌 책들은 언뜻 어수선해 보이지만, 자세히 들여다보면 각각의 책은 바로 옆에 꽂힌 책과 깊은 관련이 있어서 하나의 세계관을 형성하고 있는 듯하다. 흥미를 느끼는 분야가 지극히 제한적인 나에게는 시인 요시모토 다카아키(吉本隆明)의 저서, 현대 시가집, 잡지 《재즈 비평》뿐 아니라 '산가쓰쇼보'의 서가에 꽂힌 책의 80퍼센트 이상이 관심 밖이다. 하지만 다른 서점에서는 좀처럼 보기 어려운 개성파 만화 작가의 작품이 당당히 서가 중심에 꽂혀 있는 모습을 보아하니 모르면 몰라도 다른 책들도 이 집 주인의 확고한 미의식에 의해 수집된 특별한 책이리라는 생각이 든다. 이 서점의 선택을 받았다는 것만으로도 왠지 좋은 책일 거라는 예감이 들었다. 그 신기한 힘에 몹시도 큰 호기심을 느꼈다. 특히 그 연세의 서점 주인이라면 쳐다보지도 않을 아동용 월간지 《신기한 게 많아》가 있는 것을 발견하고 희한하게 마음이 끌려 앞뒤 잴 것 없이 구입했다. 분재 모양 옷을 입고 나무 분장을 한 기묘한 차림새의 남성이 도카이도(東海道)*를 순례하는 내용을 담은 「나는 분

---

* 에도 시대에 정비된 도쿄에서 교토에 이르는 500킬로미터의 도로.

산가쓰쇼보가 자리 잡은 조용한 데라마치니조 거리.

재」특집이 실려 있었다. 자세히 보니 그 남성은 만화 잡지《가로》에도 자주 등장하는 아티스트 누마타 겐키(沼田元氣) 씨였다. 한 줌밖에 안 되는 지식이 그렇게 '연결된' 데서 느낀 감격은 앞으로도 쉽게 잊을 수 없을 것이다. 장정(裝幀)이 아름다워 펼쳐 본『스기우라 시게루 만화관』의 해설문에 그래픽 디자이너 요코 다다노리(橫尾忠則)와 일러스트레이터 유무라 데루히코(湯村輝彦)의 이름이 있다는 사실은 책을 구입하고도

한참이 지난 뒤에야 발견했다. 그렇게 '산가쓰쇼보'에서 산 책은 끝없는 연결 고리를 통해 이어져 있다. 그런 데서 얻는 놀라움과 기쁨이야말로 나에게는 학습이다. '우유처럼' 책이 배달되어 온다면 이런 체험은 바랄 수도 없을 것이다.

동네 서점의 역할

나에게 '산가쓰쇼보'는 미지의 존재를 만날 수 있는 리얼한 배움의 장이자 선생님이다. 서점이 배움의 장이라는 말은 판에 박힌 수사가 아니라 역사적인 사실이다. 17세기에 활약한 교토 출신의 화가 스미요시 구케(住吉具慶)가 그린 풍속도 「도히즈칸(都鄙図巻)」에는 책방 2층에서 독서와 학문에 힘쓰는 시민들의 모습이 나와 있다. 또 곤타 요조(今田洋三)가 쓴 『에도의 책방: 근세 문화사의 측면(江戸の本屋さん—近世文化史の側面)』에 의하면 17세기 말 교토에서 서점업에 종사한 사람들은 "그 시대 학문의 수준을 감안할 때 지식인의 부류에 속하는 사람들일 것이다." 당시 책방은 출판사와 출판 유통을 함께 담당했으며 "상급 지식인의 정신적 생산물인 서적을 사회에 공급하고, 상인과 장인 계급의 경제 활동과 서민 문화의 새로운 동향을 상급자에게 반영시킬 수 있는" 매체의 역할을 담당했다고 한다. 한때 '산가쓰쇼보'도 가게 2층에서 주인장이 주최하는 '현대사 연구회' 같은 스터디를 여는 등 이 동네 사람들이 문화적으로 교류할 수 있는 장소로서 책방을 개방한 시기가 있었다고 한다. 최근 서점을 무대로 열리는 워크숍이나 대담 이벤트가 다시 활발해지고 있는데, 서점이 오래전부터 해 왔던 역할을 의도치 않게 다시 수행하고 있다는 관점에서 매우 흥미로운 일이다.

서점이 보여 주는 '책의 모습'

간사이 지역의 헌책방 업계을 살펴보면 점포 수가 날로 줄어들고 있다. 그런 가운데 2009년에 '헌책 젠코도(善行堂)'를 신규 개점한 야마모토 요시유키(山本善行) 씨도 '산가쓰쇼보'를 모델로 삼아 성장한 독서인 중 한 사람이다.

"예전부터 그 서점을 자주 다녔어요. 서점 주인이라기보다는 학자 같은 모습이었어요. 늘 책이나 잡지를 골똘히 들여다보는 시시도 씨의 모습을 보고 있자면 나도 빨리 집에 가서 책을 읽고 싶다는 생각이 들었죠."

"저도 처음에는 모르는 책이 많았어요. 서가에 진열된 책에는 대체로 변화가 없어요. 그런데 제 시선이 변하는 거죠. 서점에 갈 때마다 제게 지식이 새로 생기는 등 변화가 일어나니까요. 어쨌든 그곳에 가면 제게 생동감이 생긴다고 할까요? 《sumus》라는 동인지를 만들었을 때는 제일 먼저 산가쓰쇼보의 주인인 시시도 교이치 씨부터 인터뷰했어요. 책이 혼을 담고 있다는 시시도 씨의 이야기를 표정과 음색까지 놓치지 않고 들었죠. 그 경험이 헌책방을 경영하는 제게는 지금도 큰 자산이라고 생각해요."

책이 혼을 담고 있다는 시시도 교이치 씨의 발언은 다음과 같은 후속 내용으로 이어진다. 《sumus: 창간호 특집 산가쓰쇼보》에 게재된 인터뷰 기사를 인용해 보자.

"기본적으로 책이 좋아요. 책이라는 건 생활의 양식이자 살아 있는 존재니까요. 한 권만 덜렁 읽어서는 안 됩니다. 서로 연관시켜야 비로소 생명을 얻게 되지요."

매출이 신통치 않은 책이라도 진열하는 방식에 따라 책은 자기 자신과 옆의 다른 책까지도 빛나게 한다. 그러니 서가를 잘 편집해 두면 손님들은 서가를 따라 시선을 옮기면서 흥미와 지식의 폭을 자연스레 넓힐 수 있다. 그러한 가능성과 가치를 시시도 교이치 씨는 '산가쓰쇼보'라는 가게를 통해 표현하였던 것이다.

맵 러버와 맵 헤이터

분자 생물학을 전공한 생물학자 후쿠오카 신이치(福岡伸一)도 '산가쓰쇼보'의 팬이라고 공언한 바 있다. 그의 저서 『나누고 쪼개도 알 수 없는 세상(世界は分けてもわからない)』에 재미있는 대목이 있었다. 사람에게는 두 가지 유형이 존재한다는 얘기였다.

"어떤 사람들은 지도를 정말 좋아한다. 그래서 백화점에 가면 제일 먼저 매장 안내판으로 직행한다. 그리고 자신의 위치와

한 권, 한 권 엄선한 서가. 어느 서가를 보아도 불필요한 책이 없다.

가고자 하는 가게의 위치를 설정하고서야 행동을 시작한다."

이런 유형이 '맵 러버(map lover)'다. 맵 러버의 관점에서 서점을 보면 자신이 원하는 정보에 헤매지 않고 최단 거리로 접근할 수 있는 인덱스형 레이아웃을 좋아할 것이다. 따라서 최단 시간 내에 찾는 물건에 도달할 수 있는 합리성 그리고 선택의 폭과 직결되는 방대한 상품 구비를 우선시하는 사람이라면 책을 사기 위해 꼭 서점까지 찾아갈 필요는 없을 것이다. 반대로 '맵 헤이터(map hater)'라 불리는 사람들의 특징은 이렇다.

"가고 싶은 곳을 갈 때 지도나 안내판에 전혀 의지하지 않는다. 오히려 지도 같은 건 귀찮아한다. 이런 사람들은 백화점에 들어가면 감으로 돌아다니고 그러는 사이에 목적 장소를 발견한다."

신체의 그 어떤 세포로도 발전할 수 있는 ES세포(만능 세포)에도 맵 헤이터와 비슷한 성질이 있다고 한다. 자신의 존재목적이나 조직의 전체상을 파악하는 것이 아니라 다른 세포와의 관계성에 의해 자신을 규정하기 때문에 피부에서 간에 이르기까지 무엇으로든 모습을 바꿀 수 있다는 것이다. '맵 헤이터'는 ES세포처럼 자신을 바꿔 주는 정보를 찾아 책이라는 숲속에서 방황하기를 바랄 것이다. 예전에 내가 그랬던 것처럼 말이다.

원하는 책에 도달하는 방법

　가게에서 배움을 얻는다는 의미에서 보자면 이 동네 레코드 가게에서 체험했던 바도 매우 인상적이었다. 나는 '산가쓰쇼보'에 드나들기 시작하면서, 동시에 'CD보다 싸고 앨범 재킷이 커서 멋있다.'라는 이유만으로 중고 레코드점에도 자주 방문했다. 처음에는 내가 듣고 싶은 음악 장르가 '소울'인지 '록'인지 '싱어송라이터'인지조차 몰라서 '무조건 100엔짜리 레코드를 왕창' 샀다. 집에 돌아와 턴테이블 위에 올려 보면 구입한 열 장 중 '부숴 버리고 싶은' 게 다섯 장, '흥미는 없지만 나쁘지 않은' 게 석 장, '이런 음악이 듣고 싶었다!'라는 생각이 드는 게 두 장 정도였다. 첫 타율은 그랬다. 고집스러운 '맵 헤이터'였던 나는 '미리 듣기'를 할 수 있는 가게까지 일부러 찾아가거나 점원에게 부탁해서 어떻게든 들어 보고 구입할 생각은 없었다. '잘 골랐다.' 싶은 레코드의 공통점을 찾아보면 내 마음에 드는 음악은 대체로 1970년대 중반 이전에 발표된 음반이라는 사실을 알 수 있었다. 다시 레코드점에 가서 레코드 재킷에 붙어 있는 가격표를 자세히 보니 발표 연도가 붙어 있었다. 연대, 장르 그리고 악기 편성……. 정보를 읽을 줄 알게 될수록 조금씩 '잘못 고르는' 수가 줄어들었고 나의 눈도 세련되어 갔다. 가게를 드나들면서 조금씩 보는 눈이 커졌던 '산가쓰쇼보'에서의

결코 넓지 않은 점포 내에 장시간 머무는 사람이 많다.
서점의 매력과 재고량은 비례하지 않는다.

체험과는 대조적으로 레코드점에서의 체험은 서서히 포커스가 줄어들면서 보는 눈이 명확해졌다. 책의 띠지나 '맛보기 읽기'를 통해 구입하기 전에 내용을 조금이나마 미리 파악할 수 있는 책과 말로 설명할 수 없는 음악을 주변 정보를 통해 추측해 내서 취향에 맞춰야 하는 레코드의 차이라고나 할까. 서점과 레코드점은 가게 주인과 손님의 거리라는 측면에서도 분위기가 약간 다르다. 최근에는 일부러 레코드점을 찾아가는 일이 적어졌지만, 가끔 산조기야마치 거리에 있는 'WORKSHOP records'에 들러 점주 나에무라 사토시(苗村聰) 씨와 한두 마디 나누면서 딱히 목적도 없이 레코드를 음미하며 최고의 행복을 맛본다. 이 가게에서는 여러 시대와 장르의 팝, 록은 물론 힙합과 현대 음악까지를 다 접할 수 있다. 발밑에는 상자들이 놓여 있고, 카운터 주위에는 미처 다 진열하지 못한 레코드나 CD가 산더미처럼 쌓여 있다. 대형 점포에서 자주 볼 수 있는 미리 듣기용 턴테이블은 없지만, 궁금한 레코드가 있으면 언제든 가게 안 스피커를 통해 들을 수 있다. 번화가의 소란스러움을 피해 골목 안 상가 건물에서 영업 중이다.

가게를 위해 갖다 놓지 않는 것

'WORKSHOP records'는 요즘 같은 세상에 온라인 숍도 없이 오프라인 판매만을 고집하는 구식 중고 음반 가게로 14년째 영업 중이다. 점주 나에무라 사토시 씨는 다른 가게의 주인들과는 사고방식이 정반대다.

"이 가게를 경영하면서 제가 중요하게 생각하는 건 '무얼 갖다 놓을까?'가 아니라 '무얼 갖다 놓지 말까?' 하는 부분이에요. 제가 번화가 길가에 가게를 냈다면 유행하는 J-POP CD를 팔겠다고 오는 손님이 많을 텐데요, 만약 그 의뢰를 거절하면 '그럼 이거 버려 주세요.' 하면서 두고 가는 손님도 있을 거라는 말입니다. 버리기는 뭣하니까 그런 음반을 누구나 마음대로 가져갈 수 있는 코너를 만든다고 생각해 보세요. 결국 가게 분위기도 조금은 달라질 거고, 그러는 사이에 저희 가게가 좋아서 찾아오는 손님들도 떨어져 나가지 않겠어요? '그럼 그런 코너를 만들지 말고 버리면 될 것 아니냐?'라는 사람도 있겠지만, 저는 웬만하면 물건을 안 버려요. 내가 취급하지 않을 거면 반드시 가게에서 치워야 한다는 생각도 강하지 않고요. J-POP을 싫어하는 건 아니지만, 굳이 취급하고 싶지는 않아요. 그래서 굳이 골목 안 건물 4층에 가게를 냈죠."

이 가게의 점주는 불특정 다수를 향해 문을 여는 방법

을 버리고 오히려 문턱을 높였다. 물량을 내세우는 대형 점
포와는 사정이 다르기 때문에 손님이 가게의 상품 구성을 신
뢰하고 '맵 헤이터'적 모험을 할 수 있게 한 것이다. 그리하여
'WORKSHOP records'는 가게와 손님의 거리를 줄일 수 있었
다. 뻔질나게 레코드점을 드나든 경험이 있는 사람이라면 대개
점주와의 사이에 몇 가지 추억 정도는 갖고 있을 터다. 자신의
취향을 알아주고, 좋은 작품을 권해 줄 뿐 아니라 미리 듣기를
할 때 필요한 매너나 레코드를 다루는 방법을 가르쳐 주는 등
손님과 가게의 관계를 뛰어넘는 인연이 생기기 때문이다. 그래
서 손님은 구입을 위해서만이 아니라 방대한 지식과 경험을 통
해 무언가를 배우겠다는 생각, 점주에 대한 신뢰감에서 그 가
게를 계속 드나들게 된다.

"지금은 없어진 오사카의 어느 소울 뮤직 전문점에서 한
손님이 레코드를 마구잡이로 끝없이 골라 담다가 점주에게 레
슬링의 조르기를 당했다는 이야기를 들은 적이 있어요.(웃음)
좀 극단적인 얘기지만, 예전에는 그렇게 매너 같은 걸 가게에서
배웠죠. 저도 예전에는 산조데라마치 근처에 있던 '잭숍'이라는
레코드점을 다니면서 많은 걸 배웠어요. 레코드를 열심히 사러
다니는 사이에 수입 음반을 도매로 넘기는 분도 알게 됐고, 자
연스럽게 레코드점 운영의 노하우도 익히게 되었죠. 이 가게를
열기 전에는 중고 음반 가게에서 일했는데, 그때도 교토에 있

는 레코드점의 무가지 제작을 도왔던 게 도움이 됐어요."

가게가 고객에게 지식이나 정보를 줘서 성장시킬 수만 있다면 눈앞의 매출뿐 아니라 최소한 확실한 구매층을 창출할 수 있다. 손님과 레코드점의 후계자, 레코드 문화의 소개자들은 모두 가게에 드나드는 과정을 통해 성장한다. 그런 레코드점에서 접객업의 참모습을 읽을 수 있다.

팔릴지 말지는 중요하지 않다

'WORKSHOP records'와 '산가쓰쇼보'의 공통점은 '장사만 하면 된다.'라는 기준으로 상품을 선택하지 않는다는 데 있다. 'ㅇ만 곡 무제한 다운로드'나 '전 분야 구비 완료' 같은 문구가 보여 주듯 음원 서비스와 거대 온라인 숍은 가능한 한 많은 상품을 구비하려 한다. 판매자 측이 선별하지 않기 때문에 '가게의 개성'이 생겨나기 어렵고, 점주의 얼굴도 드러나지 않는다. 출판 유통의 세계에서는 보통 POS로 불리는 데이터를 바탕으로 도매점이 각 점포에 납품할 책의 내용을 결정한다. 그런 시스템 아래에서 구매자 측은 한 사람의 손님과 독자가 아니라 데이터로서만 인식된다. 우리는 방대한 선택지나 효율적인 시스템을 얻는 대신에 자신의 세계를 넓히려는 쇼핑 이상의

'WORKSHOP records' 입구 앞의 벽면은 정보를 전하는 매체의 역할을 한다.

정보가 꽉 들어찬 'WORKSHOP records'의 점포 내 광경.

'체험'을 잃고 있는지도 모른다. 다시 하야카와 요시오의 책으로 돌아가 보자. 대형 출판사의 영업 담당이 한 작은 서점을 방문했다. 대형 서점의 매출 데이터를 보여 주며 '이렇게 잘 팔리는 책을 귀사에서는 왜 주문하지 않느냐?'라고 따졌다. 서점의 점장은 눈물을 흘렸다. 사실 작은 서점 입장에서는 잘 팔리는 책이나 안 팔리는 책이나 판매 부수에 큰 차이가 없었다. 전국적인 매출 결과에서 산출한 최대 공약수와 지방 작은 서점의 판매 내역이 완전히 일치할 리는 더욱 없었다. 점장은 팔고 싶지도 않은 책을 거절도 못 하고 곤혹스러워한 것이었다. 하야카와는 이렇게 썼다.

"팔릴지 말지를 모를 때는(사실은 그 누구도 알 수 없지만) 팔고 싶은지 아닌지를 기준으로 삼으면 된다."

모든 가게는 점주와 거기서 일하는 사람들의 인격에 뿌리를 내리는 법이다. 그 당연한 사실을 사람들은 가끔 잊는다.

사람이 자리를 만든다

게이분샤에서 점장을 맡은 지 꽤 오래되었다. 지금도 '배우겠다.'라는 핑계로 '산가쓰쇼보'에 가끔 찾아간다. 최근 카운터에는 3대 점장인 시시도 다쓰오(宍戸立夫) 씨가 앉아 있다. 그는 출판업계를 위한 독특한 메일 매거진《산가쓰쇼보 판매 속보》를 정기적으로 발행한다. '최근 잘 나가는 책', '요즘 좀 어려워진 출판사', '하늘에 침 뱉기: 교토 서점 소문' 등 업계의 내막을 담담히 엮은 기사가 이어지는데, 제목만 봐도 틀림없이 시니컬한 성품……이 연상되기 십상이지만, 실제로 가게를 방문해 보면 언제나 정중하게 손님을 맞이하는 모습을 볼 수 있다. 시시도 다쓰오 씨와 한두 마디 대화를 나눠 본 뒤로는 "자네, 이 책 읽었나?"라거나 "이거, 자네 주려고 챙겨 둔 건데."라는 등 여러모로 신경을 써 주신다. 예전에는 서가를 통해 배우고, 지금은 점주에게 직접 배운다. 아직 이 가게에서 배워야 할 것들이 너무도 많다. 모르는 게 많다 보니 그 자리에서는 "아!" 또는 "몰랐어요."라는 대답밖에 할 수 없지만, 언젠가 이 가게에서 배운 내용들이 서로 연결되는 날이 오리라 믿는다.

산가쓰쇼보(三月書房)

1950년에 창업한 신간 서점. '다른 서점에서는 찾기 어려운 책'이 많음.

교토 시 나카교 구 데라마치도리 니조 노보루 니시가와

075-231-1924

헌책 젠코도(古書善行堂)

'헌책 소믈리에' 야마모토 요시유키 씨가 운영하는 헌책방. 2009년에 오프라인 점포 오픈.

교토 시 사쿄 구 조도지 니시다초 82-2

075-771-0061

워크숍 레코드(WORKSHOP records)

1999년 오픈. 전 장르 양질의 중고 CD와 레코드를 취급. 중고품 매입도 가능.

교토 시 나카교 구 신카라스마도리 에비스가와 노보루 후지키초 41-2

075-201-6231

칼럼 4 지루한 거리에 새바람을 불어넣는 '스토리'

서점에서 두 번이나 레몬을 발견한 적이 있다. 한 번은 신간 매대 위에 있었고, 또 한 번은 일본 문학 서가의 가지이 모토지로(梶井基次郎)* 책 옆에 고이 놓여 있었다. 두말할 필요 없이 이것은, 소설 속 주인공이 교토 산조의 서점에 레몬을 두고 나오면서 그것이 폭탄처럼 폭발하면 좋겠다고 생각하는, 가지이 모토지로가 쓴 단편 소설 「레몬(檸檬)」의 모방 또는 오마주다. 퍼포먼스를 당한 서점 입장에서 화가 난다거나 명작의 무대와 동일 선상에 놓였다는 만족감……… 같은 감정은 딱히 느끼지 못했다. 오히려 멋쩍은 기분이 70퍼센트, '얘깃거리가 되겠다.' 라는 생각이 20퍼센트, 나머지 10퍼센트는 '이걸 어디서 사 온 걸까?' 하는 궁금증이었다. 그 레몬을 먹기에는 기분이 찜찜해서 두 번 다 발견하자마자 처분해 버렸다. 곰곰이 생각해 보니 게이분샤에 레몬이 놓여 있던 시기는 두 번 다 2005년 이후였다. 소설의 무대가 된 서점 '마루젠(丸善) 교토 점'이 가와라마치도리에서 사라진 뒤의 일이다.** 예전의 '마루젠 교토 점'에는

---

* 1901~1932. 일본 현대의 단편 소설가. 서른한 살에 요절했으며 대표작으로는 처녀작 「레몬」을 비롯해 「애무」, 「기악적 환각」, 「태평한 환자」 등이 있다.

** 마루젠 교토 본점은 1872년에 개점해 전문 서적, 해외 서적 등을 다양하게 소개하며 학자, 문화인 들의 사랑을 받았다. 그러나 대형 서점 간의 경쟁 심화와

얼마나* 많은 사람들이 레몬을 두고 갔을까? 레몬을 치우는 일이 일상이 된 점원 입장에서는 멋쩍은 기분보다는 쓴웃음만 나왔으리라. 레몬이 무엇을 상징하는지 따위의 작품론을 논할 생각은 없다. 그보다 나는 이 소설이 1920년대 중반의 데라마치도리 주변을 얼마나 뛰어나게 묘사했는지를 강조하고 싶다. 주인공은 니시키 시장(錦市場) 부근의 건어물상과 막과자점을 둘러본 뒤 데라마치도리를 북쪽으로 이동하다가 청과상 '야오우(八百卯)'에서 레몬을 샀다. 레몬의 색깔과 무게를 이리저리 느껴 보며 생각에 잠긴 주인공은 당시 산조 후야초(麩屋町)에 자리 잡고 있었던 '마루젠'으로 발길을 옮겼다. 사색에 빠져서도 결국 '마루젠'으로 향할 만큼, 그곳은 주인공에게 익숙한 서점이었다. 그는 평소 화집과 향수병, 비누 등의 잡화를 둘러보는 일을 즐겼으나 그날따라 우울증이 심해져 레몬을 폭탄이라 상상하며 화집 위에 두고 나온다. 당시 '마루젠'은 고급 문구와 장신구 등을 다양하게 취급했기 때문에 잡화상으로서의 측면이 매우 강했다. 기분이 좋을 때는 쇼핑을 즐겼지만, 신경 쇠약과 가난에 시달리는 상태에서는 점포 내의 화집이며 잡화가 모

대학 캠퍼스의 교외 이전 등으로 이용자가 줄자 2005년에 폐점한 바 있다. 당시 폐점 소식을 아쉬워한 많은 독자들이 서점에 레몬을 두고 간 일화는 유명하다. 이후 2015년에 다시 개점한 현재의 마루젠 교토 본점에는 레몬을 두는 자리가 따로 마련되어 있다.

두 거북스러운 물질의 상징으로 다가왔을 터다. 폭파되는 '마루젠'을 망상하며 기분이 가벼워진 주인공은 교고쿠 거리에 늘어선 활동사진의 화려한 입간판을 구경하며 귀갓길에 들어선다. 상점가를 돌아다니고 '마루젠'에서 책과 잡화를 사들이는 코스는 틀림없이 일시적인 우울 상태에 빠지기 전의 그에겐 이상적인 산책 코스였을 것이다. 아쉽게도 우리는 소설 속에 그려진 풍경을 다시 체험할 수 없다. '마루젠'에 이어 '야오우'도 2009년에 폐점했으며, 비슷한 시기에 교고쿠 거리의 영화관도 차례차례 문을 닫았기 때문이다. 「레몬」이라는 작품이 나온 뒤 반세기가 지난 1970년대 후반, 같은 데라마치도리 주변의 산책에 관해 작가 이케나미 쇼타로(池波正太郎)는 저서 『산책 중 뭔가 먹고 싶어져서(散歩のとき何か食べたくなって)』에서 다음과 같이 묘사했다. 요약하면 이렇다. 우선은 사카이마치산조에 자리 잡은 '이이다'의 커피로 아침을 시작한다. 데라마치도리의 헌책방을 기웃거리다가 '무라카미카이신도 과자점(村上開新堂菓舖)'에서 귤 속을 파내 젤리로 만든 뒤 껍질 속을 다시 채운 '고즈부쿠로(好事福盧)'를 사서 일단 호텔로 돌아온다. 사온 과자를 호텔 방 창밖에 둔다. 칵테일 바 '산보아'에서 한잔하고 식사까지 마치고 돌아와서는 바깥공기에 차가워진 '고즈부쿠로'를 음미한다……. 이케나미가 그린 데라마치도리 주변의 풍경이 매력적인 이유는 아침부터 돌아다니느라 피곤한 몸을

이끌고 호텔로 돌아와서 비로소 느낀 안도감과 함께 외부 공기에 젤리가 차가워질 때까지의 시간이 묘사되어 있기 때문이리라. 그로부터 다시 40년 뒤, 내가 걷는 데라마치도리의 느낌은 이렇다. '산가쓰쇼보'를 기웃거리다 '100000t(10만 톤)'에서 레코드와 헌책을 뒤적이며 사람들과 대화를 나눈다. 다시 옆 건물의 '핫라인'으로 발길을 옮기는 등 레코드점 몇 군데를 돌아다닌 끝에 수확한 물건을 안고 '로쿠요샤'에서 한숨 돌린다. 마음이 동하면 산조 상점가에서 숙부가 운영하는 메밀국숫집 '다고토'에서 메밀국수라도 먹고 돌아갈까. 데라마치의 노포 헌책방은 낯설고, 명물 바 '교토 산보야'는 아직 문턱이 높아서 들어가 보지 못한다. 우라데라마치에 있는 대중 선술집 '다쓰미'에서 선 채로 한잔 걸치고 집으로 돌아가는 것이 고작일 터……. 이렇게 그 거리를 걷는 사람과 그때의 기분, 시대에 따라 같은 장소를 걸어도 거리의 표정이 달라진다. 데라마치에서 명물 과자 '고즈부쿠로'를 샀다, 드디어 '교토 산보야'에 갔다, 이케나미 쇼타로와 같은 순서로 같은 가게를 방문했다……. 블로그나 SNS에서는 매일 이 거리와 관련한 화제가 끊이지 않는다. 하지만 나는 쇼핑이나 관광의 결과 보고에는 흥미가 일어나지 않는다. 각자가 걸었던, 표정이 다른 거리의 모습을 보고 싶다. 그래서 게이분샤에 '레몬이 놓여 있었다.'라는 사실에 큰 관심이 생기지 않는 것인지도 모른다. 내가 알고 싶은 것은 그들, 폭탄을 두고 간 이들이 어느 가게에서 레몬을 사서 어떻게 거리를 걸어서 '게이분샤 이치조지 점'까지 왔는지, 그리고 어떤 기분으로 돌아갔는지에 관한 '스토리'다. 그들이 걸었던 이치조지 거리는 내가 아는 주변 풍경과는 전혀 다를 것이기 때문이다. 2015년, 가와라마치도리에 '마루젠 교토 점'이 다시 개점한다고 들었다. 다시 폭탄을 들고 나타날 이들은 어디서 레몬을 사서 어떻게 이 주변을 걸을까?

'골목'이라는 이름의 샛길에서

사쿄 구의 출입구, 데마치야나기

　가모가와 강과 다카노가와 강이 합류해 Y자 형태를 이루는 장소를, 여기 사람들은 '삼각 델타 지대'라고 부른다. 교토 중심부의 바둑판 모양 시가지는 헤이안 시대의 도시 구획 조방제(条坊制)를 기원으로 하는데, 삼각 델타 지대는 그 질서 정연한 모양에 어긋나는 유일한 예외 지역이다. 교토 시내 민가에서 공동생활을 하는 대학생들의 모습을 그린 영화 「오늘의 사건사고 a day on the planet」(유키사다 이사오 감독)을 보면 이 델타 지대에서 자전거를 타던 인물이 자동차에 치이는 장면이 나온다. 이 지역 사람이라면 '그래, 저렇다니까!'라며 자기도 모르게 무릎을 치게 되는 장면이다. 곳곳이 구불구불한 형태를 이루는 탓인지 이 데마치야나기 지역은 이곳 주민들의 감마저 혼란스럽게 하는 독특한 자기장이 흐르는 것 같다. 바로 그 자기장의 영향일까? 사쿄 구의 중심에서 산간 지역 쪽을 향해 달리는 에잔 전철과 오사카로 이어지는 게한 전철이 연결되는 교통의 요충지인 이곳에서 최근 새로운 혼돈이 발생하고 있다. 에잔 전철의 데마치야나기 역 개찰구를 나오면 맞은편에 1950년대 중반부터 영업 중인 '류게쓰도(柳月堂)'라는 빵집이 보인

다. 교토 대학교 학생들의 사랑을 듬뿍 받는 곳으로, 2층에는 같은 점주가 경영하는 같은 이름의 명곡 다방이 자리 잡고 있다. 커피 한 잔에 1000엔이나 하는 데다 잡담도 금지된 이곳에서는 모두가 스피커를 바라보고 앉아 묵묵히 음악에만 집중한다. '류게쓰도' 왼쪽에는 좁은 골목이 나 있는데, 그 길을 따라 들어가면 오른편에 다목적 공간과 공유 오피스가 함께 마련된 카페 '가제노네(かぜのね)'가 있다. 대학 강사, 요리사, 영상 작가 세 사람이 주축이 되어 작은 아파트 한 동을 통째로 수리해서 쓰는데, 살롱 같은 느낌이다. 이런 가게들만 봐도 이곳이 새로운 시도와 기존의 오래된 상업 형태가 공존하는 가장 사교구다운 동네임을 알 수 있다. 교토의 길은 자동차나 전차가 보급되기 훨씬 이전에 닦여 현재까지 보존되다 보니 지금도 시내 중심부에 상업 시설과 주택이 공존한다. 다시 말해, 주민과 시설에 맞춰 거리의 동선이 변화한 것이 아니라 궁궐을 중심으로 한 바둑판 모양의 도시 구획에 맞춰 시가지가 조성된 것이다. 소달구지 아니면 두 다리가 주요 이동 수단이었던 시절에 생긴 길이라 규모가 작고, 그 결과 교토 특유의 '축소의 미학'이 완성된 듯싶다. 온갖 요소가 작지만 알차게 들어차 있다. 그런 만큼 주차 공간을 걱정해야 하는 자동차보다는 움직임이 가벼운 자전거가 생활하는 데에 필수다. 그러나 세상일이 다 그렇듯 관청은 주민의 생활을 이해하지 못하고 공터가 생기면 곧바로

교토 사람들은 가모가와 강 옆의 '삼각 델타 지대'야말로
가장 교토다운 경치를 즐길 수 있는 곳이라 생각한다.

주차장부터 조성하는 실정이다. 약 10년 전, 자전거 주차장이
적었던 교토의 역 앞은 어디나 불법 주차된 자전거로 넘쳐 났
고, 시민들의 방치와 관청의 철거가 다람쥐 쳇바퀴 돌듯이 반
복되었다. 데마치야나기 역 앞은 이 같은 상황이 가장 심각했
던 곳이다.

거리의 풍경을 바꾸는 장사

그런 가운데 시바야마 류(柴山留佑) 씨, 통칭 '류 씨'라는 인물이 회원끼리 자전거를 공유하는 '사이클 셰어' 서비스를 시작했다. 그 덕에 심각했던 이 지역의 불법 자전거 주차는 눈에 띄게 줄었다. 지역 신문과 잡지 등의 언론은 친환경과 공공의 이익이라는 두 마리 토끼를 다 잡은 새로운 비즈니스 모델로

데마치야나기 역 바로 앞, 화려한 외관의 '렌터 사이클 에무지카'의 모습.

그의 활동을 자주 소개했다. 그런데 언론이 '미담'으로 다룬 이
사업은 생각보다 단순한 사업이 아니었다.

"10년쯤 전에 여러 사정 때문에 오사카에서 교토로 돌아
와 데마치야나기 역 앞 아파트에 살게 되었어요. 역 앞에 작
은 렌탈 자전거 점포가 있었는데, 당시에 아무 일도 하지 않았

던 터라 잠옷 차림으로 가서 '일 좀 시켜 주세요.'라고 했죠. 그렇게 해서 일을 시작했고, 나중에 독립해서 지금의 '에무지카'를 열게 됐어요. '사이클 셰어'라는 시스템 자체는 예전부터 있었어요. 그러니까 제가 발명한 건 아닌데, 어쨌든 일반적인 인지도는 낮았어요. 그래도 불법 자전거 주차가 심한 지역이니까 반드시 보급될 거라고 생각하고 열심히 홍보했어요."

나도 한때 사이클 셰어 회원이었다. 당시에는 오사카에 살았기 때문에 요도야바시 역에서 데마치야나기 역까지 게한 전철을 타고 온 다음, 역 앞의 '에무지카'에서 자전거를 받아 10분 정도 달려서 게이분샤로 출근했다. 집에 갈 때는 다시 데마치야나기 역까지 자전거를 타고 가서 반납한 뒤 전철을 탔다. 집과 직장 사이에 한두 마디라도 대화를 나눌 수 있는 중간 지점이 있는 생활은 꽤 좋았다. 당초 렌터 사이클에 월 정액을 내는 회원은 서른 명으로 제한되어 있었다. 그런데 '거절하지 말자.'가 철학인 류 씨가 '에무지카'를 열고 나서부터는 인원 제한을 없앴고, 회원이 늘 때마다 중고 자전거를 더 사들였다. 그 결과 4년 만에 회원은 400명까지 늘었다. 돈벌이에 크게 관심이 없었는지 그는 회비를 인상하지 않고 유지하느라 자신의 월급까지 들여 가며 가게를 운영했고, 그러는 사이 영양실조에 걸리기도 했다고 한다. 결국 그는 불법 자전거 주차 감소라는 물리적 풍경의 변화를 이끌어 냈다. 또 류 씨를 비롯한 '에무지카' 직원들의 명랑함은 사쿄 구의 현관인 데마치야나기 주변의 공기까지 확 바꾸었다. '에무지카'의 슬로건은 'CYCLE & MUSIC'이다. 직원들은 자전거와 음악에 대한 애착이 강해서 'CYCLE & MUSIC'이라는 로고가 들어간 티셔츠와 함께 같은 이름의 컴필레이션 음반까지 제작했다.(전곡을 새로 녹음했다.) 류 씨는 직원들의 송년회 포스터 등 고객과는 전혀 상관없더라도 무슨 일만 있으면 포스터를 만들어서 가게 앞에 내다 붙인다. 그렇게 류 씨는 무슨 일이건 적당한 수준에서 멈추지 않고 흥과 행동이 넘치는 '무의식 과잉' 캐릭터로서 지역의 사랑을 독차지하는 사람이다.

DIY와 골목 문화

그런 그가 최근 데마치야나기의 뒷골목에 자전거 수리·판매점(이른바 '리사이클 사이클 숍')인 '후기짱(フギーちゃん)'을 새로 열었다. 장소는 '가제노네'의 바로 옆이다. 그런데 분명히 자전거 가게였던 이 점포의 입구 한쪽에 어느샌가 찻집 카운터를 닮은 공간이 나타났다. 채소 무인 판매점을 연상시키는 중고 레코드와 헌책 셀프서비스 매장도 생겼다. 게다가 북 공방, 사진가를 위한 암실, 비닐 시트로 공간을 나눈 불가사의한 음악 제작 프로덕션 등도 슬그머니 가게 안을 차지하고 나섰다. 그래서 류 씨의 자전거 가게는 1년도 안 되어서 전후 판잣집을 떠오르게 하는, 터지기 일보 직전의 기괴한 공간으로 변모했다. 특곱빼기 토핑이 잔뜩 더해진 이곳은, 현재 '나미이타 앨리(ナミイタアレ)'라는 별칭으로 불린다.

겉으로 보기에 자전거 수리 공장의 모습이 남아 있는 '나미이타 앨리'의 외관.

"이른바 양철 지붕에 사용되는 '골함석(일본어로 波板, 즉 '나미이타'라고 한다.)'과 골목길 또는 작은 길을 의미하는 'alley'를 조합해서 '나미이타 앨리'라는 이름을 붙였죠."

류 씨의 네이밍 센스가 독특하다. '골목'이라는 단어만 보면 될 대로 되라는 기분으로 지은 이름 같지만, 실은 이 가게의 의미를 가장 적확하게 드러내는 역할을 한다. 또 입구부터 간판, 찻집 공간까지 직접 재단장한 DIY 정신은 저렴한 자재인 골함석(나미이타)의 이미지와 일치한다. 'alley', 즉 골목은 교토의 전통적 공간으로서 오래전부터 친숙한 이미지였다. 큰길과 작은 길이 서로 교차하며 이룬 시가지 구획 속에 모세 혈관처럼 뻗은 골목은 차가 다니지 않기에 아이들의 놀이터, 때로는 지장보살을 공양하려는 사람들이 모이는 장소가 되기도 했다. 골목은 좁기 때문에 차가 다니기 어렵고 주정차마저 불가능해서 큰길 쪽보다 땅값이 저렴하다. 그래서 서브컬처(하위문화)의 '비밀 기지'가 탄생하기 쉽다. 소설가 나가이 가후(永井荷風, 1879~1959)는 다이쇼 시대 초반, 사라져 가는 에도(도쿄의 옛 이름)의 모습을 찾아 도쿄의 시가지 산책을 일과로 삼았다. 새로 개발된 큰길을 싫어했고 지도에도 오르지 않은 샛길을 사랑한 그는 수필집 『게다를 신고 어슬렁어슬렁(日和下駄)』에서 골목을 이렇게 정의했다.

"골목은 어디까지나 평민들 사이에만 존재하고 그들에게만 이해받는다. 개나 고양이가 터진 담 사이, 울타리의 빈틈을 찾아 그들 종족만의 통로를 만들 듯 큰길에 문을 낼 수 없는 평민들은 큰길과 큰길 사이에 그들만의 삶에 적합한 골목을 만들었다. 골목은 공공의 시정(市政)에 의해 경영되는 곳이 아니다. 도시의 면목, 체면, 품격과는 전혀 상관없는 별천지다.”

별천지의 어떤 생활

‘나미이타 앨리’ 안 찻집 공간인 ‘쓰키나미(つきなみ)’는 다섯 명이 앉으면 자리가 꽉 찬다. 커피는 300엔, 카레 등 가벼운 식사는 모두 500엔 이하다. 전부 저렴하지만 임대료가 싸서 주인장이 부지런히 움직이면 혼자서도 그럭저럭 운영이 가능하다고 한다. ‘쓰키나미’가 생긴 뒤로, 나는 오사카나 교토 시내로 나갈 때마다 데마치야나기 역에서 내려 잠시 쉬어 가는 일이 늘었다. 카운터석 안쪽에 걸린 커피 티켓 꾸러미에는 주변 점주들, 게이분샤와도 관계가 깊은 거래처 등의 알 만한 이름이 적혀 있다. 문득 ‘그들 종족만의 통로’라는 가후의 말이 머리를 스친다. 류 씨가 만든 ‘별천지’는 여기서 끝이 아니었다. 그는 ‘나미이타 앨리’에 이어, 그 뒤편에 있던 판잣집까지 빌려서 렌탈 스페이스 ‘데마치야나기 문화 센터(통칭 DBC)’를 만

데마치야나기 역에서 '나미이타 앨리'로 가는 좁은 골목.

들었다. 이름은 요란하지만 속을 들여다보니 '센터장'인 류 씨가 탁구대에 그물을 치거나 레게 음악을 틀어 놓고 우는 아이를 달래는 게 고작일 때도 많았다. 확실히 바깥세상과는 이질적인 분위기에 '내가 지금 자메이카에 와 있나?'라는 의문마저 들었다. 속으로 키득키득 웃어 가며 저금통에 동전을 넣고(셀프서비스) 냉장고의 캔 맥주를 꺼냈다. 화이트보드에 휘갈겨 쓴 일정을 흘깃 살펴보니 '브라질 전통 무술 카포에라 교실', '우쿨렐레 교실', '핀란드인 유학생 이나 씨의 아이돌 가요 이벤트', '모 대학교 준교수 주최 노구치 고로 나이트' 등이 붙어 있었다. 일부러 강약을 조절한 프로그램이 아니라 처음부터 느슨하기 짝이 없는 일정 같았다. 참고로 이용료는 1시간에 500엔.

"이 지역 청소년들이 탁구를 치러 왔다가 이 공간에서 첫사랑이라도 경험했으면 좋겠어요."

DBC가 문을 연 시기는 사쿄 구 젊은이들의 집합소였던 기타시라카와의 복합 오락 시설이 폐관한 직후였다. 배팅 센터에 당구대, 탁구대, 코인 게임 그리고 찻집 공간, 매점까지 완비되어 있던 시설은 이제 대형 슈퍼마켓 체인점으로 모습을 바꾸었다. 생각해 보면 '이 지역 청소년들이 사랑에 빠질 만한' 장소가 상당수 자취를 감추었다. 쇼핑하는 장소, 노래 부르는 장소, 게임하는 장소, 스티커 사진 찍는 장소…… 목적이 세분화된 전문적 장소는 속속 문을 열고 있지만, 노래방이나 스티커 사진에 흥미가 없는 젊은이들은 대체 어디로 가면 좋을까? 가와라에서 캔 맥주를 마시는 광경도 가끔 보지만, 각자가 즐기던 공간을 내놓고 규정된 공간 안으로 하는 수 없이 걸어 들어가는 모습을 보면 어딘지 안됐다는 생각이 들던 참이었다. 현재 이 지역엔 행정 기관이 운영하는 규범과 제재투성이 '다목적' 공간이 여럿 있긴 하지만, DBC 같은 '무목적' 공간은 그리 많지 않다. '나미이타 앨리'와 DBC 같은 희한한 공간에 청소년들이 찾아올 일은 적을지 몰라도 대졸자 프리터 등 모라토리엄 상태에 있는 젊은이에게는 인맥을 만드는 장으로서 기능할지도 모르는 일이다. 사실 지배인 류 씨는 '에무지카'의 직원 대부분을 가게 주위에 모인 젊은이나 지인 등의 소개를 받아 모집했다고 했다. 그가 본업인 렌터 사이클 매장에서는 경영자로서 수완을 발휘하고, DBC와 '나미이타 앨리'에서는 프로듀서로서 이 거리의 빈틈을 만든다고 본다면 나의 해석이 너무 앞서나간 것일까?

목적 없는 혼돈의 '샛길'

"나는 샛길이 많은 사회일수록 좋은 사회라고 생각한다."(무라카미 하루키·안자이 미즈마루 공저, 『밸런타인데이의 무말랭이』)

골목과 인접한 자전거 수리점 한편에는
차를 마시며 쉴 수 있는 '찻집 쓰키나미'가 자리 잡고 있다.

'나미이타 앨리'의 진기한 외관을 보고도
지역 주민들은 아무렇지도 않은 표정으로 지나다닌다.

이젠 세계적인 작가가 된 무라카미 하루키는 대학을 졸업한 후 취직도 하지 않고, 학생 신분으로 결혼한 부인의 친정에 얹혀살았다. 그러다 얼마 안 되는 저축을 밑천 삼아 재즈 바를 개업했다. 땅값이 요즘 도쿄만큼 비쌌다면 취업 경험도 없는 청년이 가게를 열기는 쉽지 않았을 것이다. 그리고 보면 지금은 돈도 없고 취직도 하기 싫은 젊은이가 정부나 세금의 도움 없이 살아갈 수 있는 샛길이 점차 막히고 있는 듯싶다. 그런 가운데 DBC나 '나미이타 앨리'에 발을 들여놓으면, 이런 삶의 방식 또는 가게 운영 방식이 있어서 다행이라는 느낌이 들 것이다. 동경이나 존경심을 느낄 거라는 말이 아니다. '어처구니없다.'라며 쓴웃음을 지으면서도 무언가 편안함을 느끼게 되리라는 의미다. 사람은 혼돈을 목도하면 사회 통념에서 잠시나마 해방될 수 있다. 가게라는 공간은 그저 번성하고 유명해지기 위해서만 존재하는 것이 아니다. 장소를 개방하고 그곳에 모이는 손님에게 무언가 길을 제시하는 것도 가게가 제공할 수 있는 것 중 하나다. 예전에 어떤 잡지에서 '0엔으로 즐길 수 있는 장소'라는 주제로 취재해도 괜찮겠느냐는 의뢰가 들어왔다. 서점을 약속 장소로 활용하거나 책 구경을 하는 등 돈을 쓰지 않고도 이용할 수 있다는 논리였다. 기분이 다소 복잡했지만 곰곰이 생각해 보니 나도 늘 특별한 용건 없이 서점을 둘러보거나 아무것도 사지 않고 돌아오는 것이 아닌가? 무가지나 전단지 등을 통해 주변 정보를 알 수 있고 갤러리의 전시도 무료로 볼 수 있으니 게이분샤는 돈 한 푼 없이 즐길 수 있는 장소임에 틀림없었다. 그래서일까? 수익이 낮다 보니 동네 서점은 차례차례 폐점이라는 막다른 길로 내몰리고 있다. 그런데 '나미이타 앨리'를 보고 나니 장차 서점도 뒷골목형 '무목적 공간'으로 변신하는 데서 활로를 찾을 수 있지 않을까 싶다. 대담 이벤트나 워크숍, 독서회 등의 행사가 열리면 사람과 정보가 모인다. 실제로 최근 수년 사이에 데마치야나기 부근의 상업 빌딩에는 독립 잡지 전문점 'NOT PILLAR BOOKS'가, 게한 산조 역 근처의 뒷골목에는 예술 분야 헌책 전문점 'book and things'가 문을 열었다. 도서 유통업체와 계약을 맺고 서점을 개업하려면 개인으로서는 도저히 마련할 수 없는 자본금이 필요하다. 그렇다면 아예 도매상을 통하지 않고 헌책이나 자비 출판물 전문점을 개인 차원에서 시작하는 '샛길'도 고려해 볼 만하다. 애당초 서점은 열린 공간이다. 장소를 더 개방하면 더 다양한 사람이 교류하는 혼돈의 공간이 자연스레 탄생할 터다. 책 구매는 둘째 치고 '지역 청소년이 첫사랑을 경험할 수 있는' 별천지 같은 서점이 있어도 좋지 않은가?

렌터 사이클 에무지카(レンタルサイクルえむじか)

데마치야나기 역에서 영업. 자전거 1일 렌탈료 500엔부터.

'커피 300엔, 카레, 나폴리탄, 샌드위치 등 400엔부터.'

교토 시 사쿄 구 다나카 가미야나기초 24 리뷰에르 오토 1층

075-200-8219

나미이타 앨리(ナミイタアレ),

데마치야나기 문화 센터(出町柳文化センター, DBC)

현재 '찻집 쓰키나미', '리사이클 사이클 후기팡', '100000t 레코드 나미이타레', '재능 프로덕

션', '북 공방 가메노즈!', 'JOYFUL 레코드', 'DARKROOM', '분실 puzzle'이 입주해 있다.

교토 시 사쿄 구 다나카 시모야나기초 7

050-5809-5335

칼럼 5 서점의 일은 곧 거리 둘러보기다

수필가 야마모토 나쓰히코는 「서점」이라는 제목의 에세이에서 "서점은 아마추어가 할 수 있는 장사다."라고 썼다. 이어서 이런 문장이 등장한다.

"보증금만 쌓이면 도매상은 책과 잡지를 빌려준다. 일단 그것들을 진열해 놓은 뒤 총채를 들고 먼지나 털고 있으면 손님이 알아서 찾아와 알아서 사 간다."(『일상다반사』)

도매상과 계약만 하면 책을 보내 주니 매일 대량으로 쏟아져 나오는 신간의 내용을 외워 주문할 필요도 없고, 안 팔리는 책은 도매상에 돌려주면 다른 물건으로 바꿔 주며, 책 광고는 으레 출판사가 하는 일로 정해져 있다는 것이 야마모토 나쓰히코의 주장이다. 그는 오랫동안 잡지《실내》의 편집·발행을 담당했고 저자로서도 수많은 책을 출판한 인물이다. 그러니 꼭 문외한의 헛소리라고 치부할 수는 없다. 하지만 요즘 서점이 줄줄이 문을 닫는 현실은, 아마추어들이 운영할 수 있는 구조가 무너지고 있다는 것을 보여 주는 방증이기도 하기에, 이 부분에 주목할 필요가 있다. 책을 사지도 않고 선 채 읽으려는 노비타*를 먼지 터는 척 방해해서 쫓아내는 주인장의 모습은 수십

---

* 만화 「도라에몽」의 주인공 소년.

년 전에나 볼 수 있었다. 유통업자라고도 불리는 도매상이 보내 주는 책을 팔기만 해서는 가게의 개성을 드러낼 수 없다. 그렇다고 도매상이 취급하지 않는 소책자나 잡화류를 취급하면 결제나 재고 관리가 어려워진다. 신문 광고란에 게재되는 책은 한 줌밖에 안 되니 책 홍보를 출판사에만 맡겨 둘 수도 없다. 그래서 요즘 서점은 정말 바쁘다. 먼지 털기 외에도 수많은 업무가 있다. 그중에서 특히 중요한 일은 정보 수집이다. 대부분의 출판사는 웹 사이트를 통해 신간 정보를 공개하고, 도매상의 데이터베이스에 들어가면 매일 출판되는 신간을 일람할 수 있다. 하지만 이상하게도 도매상과 출판사에서 들어오는 대량의 신간 정보를 모두 살펴보았는데도 근처 딴 서점에 가 보면 꼭 내가 놓친 책, 몰랐던 책이 시선을 사로잡는다. 매출이나 인쇄 부수, 출판사와 저자 이름뿐 아니라 북 디자인이나 내용도 참고하면서 한 권, 한 권 고르려면 실제 눈으로 확인하는 수밖에 없다. 아무리 출판사의 경향을 파악했다 해도 내가 놓친 의외의 부분에서 의외의 책이 간행되는 법이다. 바로 이런 점이 출판업계가 만만치 않다고 하는 이유다. 그래서 나는 일상적으로 대형 서점에 들러 목적도 없이 서점 안을 둘러본다. 교토 시내의 모 대형 서점을 뻔질나게 드나들면서 책을 확인한다. 책을 보고 옮겨 적는 것도 매너가 아니니 빙 한 바퀴 돌아본 뒤 유난히 눈에 띄는 책을 기억해 뒀다가 돌아오는 길에 찻집에 들러 따로 메모하고 정리한다. 또 그렇게 둘러보기만 하고 돌아오기는 미안한 일인지라 가급적 뭐라도 하나 사 들고 오려 하지만, 왠지 뒤통수가 따가운 느낌만큼은 항상 떨칠 수가 없다. 어느 날, 한 출판사가 주최한 모임에서 그 대형 서점에 근무하는 직원과 동석할 기회가 있었다. 책에 관한 온갖 잡담을 나누다가 술기운을 빌려 "사실은 매번 귀사에 들르고 있습니다." 라며 어떤 책을 갖다 놓았는지 확인차 드나드는 사실을 고백했더니 내가 이 서가, 저 서가를 기웃거리며 볼일을 본다는 사실을 점장 이하 모든 직원들이 이미 알고 있다고 했다.

"오늘도 게이분샤의 그 녀석 왔지? '뭐 좋은 거 없나?' 하고 눈에 불을 켰던데."

이런 대화가 오간다고 생각하니 낯이 뜨거웠지만, 너그럽게 봐준다는 사실을 알고 조금은 안심했다. 잡지의 서점 특집이나 서점 가이드북 같은 기사를 보면 개성적인 상품 구성으로 유명한 서점만을 다루는 경향이 있는데, 대형 서점이 존재하지 않는다면 작은 동네 서점도 있을 수 없다. 그러니 대형 서점도 고마운 존재다. 대형 서점 외에도 힌트를 얻기 위해 휴일에는 대체로 거리를 돌아다니는 데 시간을 쓴다. 일단은 가방에 읽던 책과 잡지를 여러 권 챙겨 넣고, 게한 전철의 데마치야나기 역에서 오사카로 가는 특급에 몸을 싣는다. 시발역에서는 출퇴근 시간만 피하면 보통은 2인용 좌석에 편안히 앉아서 갈 수가 있는데, 오사카에 도착하기까지 1시간이 채 안 되는 시간이 걸리기에 천천히 책과 잡지를 읽을 수 있다. 내게는 오렌지색 특급 '8000 시리즈'의 차량이 가장 집중이 잘되는 독서 공간이다. 책을 읽지 않으면 '책 선전'을 할 수 없으니 이것도 분명 내 업무다. 오전 중에 목적지에 도착하면 영화를 보러 가거나 헌책방을 돌아다니며 몇 가지 수확물을 안고 찻집에서 잠시 쉬기도 한다. 영화를 본 뒤 서점에 들어가면 평소 지나치던 서가에도 시선이 간다. 예를 들어 오즈 야스지로 감독의 영화를 보고 난 뒤에는 골동품이나 쇼와 시절 생활상에 관한 서가가 눈에 띈다. 우디 앨런(Woody Allen)의 영화를 보고 난 다음에는 유대인에 관한 책에 손이 가고, 헌책방에 가면 신간 서점에서는 볼 수 없는 작가, 지금은 잊힌 주제의 책이 눈에 들어온다. 오사카에서 교토로 돌아오면 익숙한 가게에 들러 그날 본 영화나 읽은 책 이야기를 누군가와 나눈다. 이야기를 하다 보면 정보로서 얻은 지식에 '문맥'이 생긴다. 그런 과정을 통해서도 지금까지 관심이 없었던 책에 주목하게 되는 계기를 발견할 수 있다. 대화를 나누면 책상에 앉아 머리를 짜낼 때는 나오지 않던 키워드가 떠오르는 경우도 많다. 인터넷상에 온갖 정보가 넘친다 해도 그것을 검색해 낼 어휘가 없으면 컴퓨터도 무용지물이다. 웹 검색이 '무언가를 알기 위한' 가장 빠른 방법으로 부상한 지난 10년 사이, 관심 없는 것들을 접할 기회는 참으로 귀해졌다. 그러니 자기 안의 '검색 키워드'를 늘리지 않으면 살아 숨 쉬는 서가를 만들 수 없다. 거리를 돌아다니고 서점과 영화관을 기웃거리며 타인과 대화를 나누는 일이 바로 내 업무의 일부다. '노마드(nomad)'만큼 세련되지는 않지만, 이 도시를 걸어 다니는 생활이 직업에 도움이 되는 걸 보면 서점이라는 일도 나쁘지는 않은 것 같다.

살아가는 데 필요한 찻집

라이프 핵으로는 얻을 수 없는 그 무엇

언제부터인지 라이프핵(Lifehack)이라는 단어가 유행처럼 번지고 있다. 원래는 정보 처리 관련 전문 용어였는데, 이제는 광범위하게 업무나 생활 전반의 효율화를 가리키는 단어로 사용되는 것 같다. 인터넷에서 누군가가 잡지 읽는 방법을 소개하는 인터뷰 기사를 본 적이 있다. 잡다한 기사를 한데 모아 놓은 잡지 지면 중에서 자신에게 필요한 내용은 극히 일부뿐이므로 구입한 즉시 읽지 않는 부분은 찢어 버리고, 남은 기사만을 보관했다가 내용별로 분류해 시간 날 때 한꺼번에 읽는다는 내용이었다. 휴대 전화와 컴퓨터가 폭발적으로 보급된 이래, 우리는 평생을 투자해도 다 처리하지 못할 정도의 정보를 취사선택하며 살고 있다. 누구나 시간이 없으니 가능한 한 비효율을 줄이고 싶어 한다. 그 수단이 바로 '라이프핵'인 것이다. 그런데 위에서 언급한 기사를 읽으면서 나는 락교의 껍질을 벗기는 원숭이가 떠올랐다. 어디까지나 비유지만 원숭이에게 락교를 주면 언젠가는 알맹이가 나올 거라 여기는지 끊임없이 껍질을 까 댄다. 하지만 자꾸 까다 보면 당연히 아무것도 남지 않는다. 껍질이라 생각한 그 부분이 바로 락교의 열매살이며, 속에 따로 알맹이가 있으리라는 생각은 착각에 불과하기 때문이다. 잡지도 마찬가지다. 불필요한 부분을 없애고 나면 그것은 잡지가 아니다. 잡다한 기사가 묶여 있기에 잡지는 재미있다. 합리성만을 추구하면 효율적이지 않은 것들이 점점 배제된다. 가령 학교 수업도 그렇다. 성적이나 취직에 도움이 되지 않는 과목은 배울 필요가 없다고 하는 학교도 늘고 있다. 가장 먼저 배제되는 과목은 예술과 문학이다. 즉효성 있는 지식을 추구하는 사람들에게 소설 따위는 '아무런 도움도 되지 않는 것'이다. 그런 사람들은 시험을 치거나 면접을 볼 때 소설의 줄거리를 설명해야 할 필요가 있다면, 손쉽게 개요를 파악할 수 있는 만화 시리즈를 읽을 것이다. 그러면 도스토예프스키의 장편 소설 『카라마조프가의 형제들』도 1시간이면 독파할 수 있다. 이런 세상이다 보니 잡지나 문학 작품의 매상이 매년 곤두박질치는 현상은 필연적이다. '게이분샤 이치조지 점'에서는 전문 서적이나 비즈니스 서적을 거의 취급하지 않으니 '알맹이'를 원하는 고객들이 껍질을 까기 시작한다면 분명 아무것도 남지 않게 될 것이다. 이런 생각을 하면 기분은 점점 침울해진다. 나는 그럴 때마다 가와라마치의 찻집 '로쿠요샤'의 계단을 뛰어 내려간다. 1950년에 창업한 '로쿠요샤'는 현재 교토를 대표하는 찻집 중 하나라 할 수 있는 명소다. 가와라마치산조의 교차로 부근에 있어서 입지도 좋지만 주변의 급격한 변화와는 반대로 예

'로쿠요샤 지하 지점'으로 내려가는 계단.
떠들썩한 거리로부터 벗어날 수 있는 장소다.

전의 모습을 변함없이 유지하고 있다. 그 점이 많은 이들을 불러 모으는 원동력이다. 주변의 오락 시설이 온통 젊은이들을 겨냥한 시설로 바뀌고 있지만, 이곳만은 줄곧 점잖은 공간이었다. 교토는 오래된 찻집이 겨우 살아남은 도시다. 하지만 이곳처럼 창업 이후 한결같은 존재감을 발산하는 가게는 이제 손으로 꼽을 정도밖에 남아 있지 않다.

기호품의 기능

'로쿠요샤'는 지상과 지하, 두 층으로 이루어져 있다. 1층 지상 지점은 소파가 있어 누군가와 대화를 나누기에 좋다. 지하 지점은 카운터석에서 마스터인 오쿠노 오사무(奥野修) 씨가 끓여 주는 커피를 마시고 싶을 때 혼자 불쑥 찾아간다. 두 층 모두 커피와 소프트드링크, 모닝 세트와 도넛 같은 찻집의 정석 메뉴만 내놓는다. 지하 지점의 카운터 자리에서는 언제나 점주인 오사무 씨가 묵묵히 업무를 본다. 불필요한 말은 한마디도 하지 않는 그의 시원시원한 움직임에서는 오랜 세월 같은 일을 반복하면서 몸에 밴 일종의 아름다움마저 느껴진다. 청결한 가게 안은 지나친 장식을 완전히 생략한 모습인데, 그 속에 그저 조용히 앉아 있기만 해도 희한하게 지루하지가 않다. 이런 독특한 분위기는 하루아침에 만들어지는 것이 아니다. 가게도, 오사무 씨도 결코 많은 이야기를 하지는 않지만 그 말 없는 자세에서 오히려 드높은 자부심이 느껴지는 것 같다. 그 덕에 가게를 나올 즈음에는 언제나 상쾌한 기분이 든다. 점주인 오쿠노 오사무 씨와는 수년 전에 처음으로 이야기를 나누었다. 그 무렵 정기적으로 들르던 시모가모의 '유게(yūgue)'라는 가게에서 가볍게 마시고 있을 때였다. 오사무 씨는 목요일이면 대개 같은 시간에 나타나 재빠르게 마신 뒤 휑하니 사라졌다. 나는 그가 '유게'를 특별히 좋아하는 줄 알았다. 그런데 들리는 바에 따르면 오사무 씨는 퇴근 뒤 매일 밤 '요일별'로 특정 가게를 찾는다고 했다. 마스터로서 매일 자신의 가게에 선 다음, 다시 다른 가게에서 꼭 한 잔씩 마시고서야 집으로 돌아가는 것이다. 그렇게 가게라는 공간에 있는 시간은 그의 인생에서 아주 큰 비율을 차지했다. 찻집이나 술집은 둘 다 '없다 한들 살아가는 데 아무 지장 없는' 기호품을 파는 곳이다. 그런 가게라는 장소에서 그는 오랫동안 점주로서, 그리고 동시에 손님으로서 살아왔다.

'배경'으로서의 찻집

오사무 씨는 현역 뮤지션으로서도 활동 중이다. 음악에 관심을 가지기 시작한 때는 1960년대 말이었다. 10대 청소년의 몸으로 오카바야시 노부야스(岡林信康)*, 다카다 와타루(高田渡)**의 영향을 받아 도쿄로 상경했는데, 당시 약 1년 동안 몸의 앞뒤로 광고판을 걸고 홍보 활동을 하는 샌드위치맨을 하면서 포크 음악의 현장을 체험했다고 한다.

"스물도 안 된 젊은 아이가 신주쿠 거리에서 광고판을 걸머지고 있으면 온갖 사람들이 와서 말을 걸어요. 일본 3대 서커스단이라는 기노시타 서커스단에 들어갔다더니 곡예를 못해서 다음에 만났을 땐 여장 남자가 되어 있는 사람, 학생도 아닌데 공부하러 도쿄까지 와서 밤에는 일하고 낮에는 찻집에서 줄기차게 책만 읽는 사람……. 다들 하고 싶은 게 확실히 있는 상태에서 앞으로 어찌해야 할지를 진지하게 모색하는 모습이었어요. 그런 사람들과 대화하는 장소가 찻집이었고요. 그러니까 제게 찻집이라는 장소는 다른 사람을 만나고, 대화를 나

* 1946~현재. 포크 가수이자 에세이스트. 부락 차별 등을 소재로 삼은 정치적 항의, 저항의 메시지가 담긴 곡들로 유명하다.
** 1949~2005. 1960년대부터 2000년대에 걸쳐 활약한 포크 가수. 시사적 화제를 신랄하고도 해학적으로 풀어낸 것으로 유명하다.

여러 세대에 걸쳐 사랑받는 명작 『후텐』의 표지.

누는 공간이었죠. 당시에는 커피가 맛있다, 맛없다는 말을 해 본 적이 없어요. 찻집과 관련한 저의 첫 체험은 그때 이뤄진 거죠."

나가시마 신지(永島慎二)가 청춘 군상을 그린 걸작 만화 『후텐』에서 묘사한 신주쿠 거리는 그야말로 오사무 씨가 체험한 당시 풍경 그대로라고 한다. 당시 '후텐'이라 불리던 젊은이들은 이렇다 할 직업 없이 거리를 떠돌았는데 언제나 찻집에 모였고, 찻집에서 토론을 했고, 찻집에서 사랑에 빠졌다. 재즈 찻집, 심야 찻집, 재즈 바. 작품 속에서 그들이 모이는 장소는 매번 바뀌었지만, 한 가지 공통점이 있었다. 언제나 마스터가 말없이 커피를 끓이고 셰이커를 흔들었다는 점이다. 당시 신주 쿠에서도 가게에 모인 손님이 주역이었고, 찻집과 술집은 어디까지나 배경이었다.

"요즘은 '뭔가 용무를 보러'가 아니라 찻집 그 자체를 보러 오는 사람이 많아요. 맛집을 소개하는 사이트가 유행하잖아요? 거기도 그렇고 블로그나 트위터 같은 데 올라온 댓글도 그런데, 요즘 사람들은 대개 어떤 장소를 정복이라도 하듯이 목적지를 찾아서 한 번 방문하면 그걸로 자기 감상을 완결시킨단 말이죠. 맘속으로 무슨 생각을 하건 그건 자기 자유지만 그걸 세상에 공표하고, 나아가 그 감상을 맹신하는 사람들이 해당 가게를 이러쿵저러쿵 평가하는 건 좀 그래요."

비일상이 되어 가는 곳

"예를 들어 처음 저희 가게에 와서 '가장 신선한 원두를 달라.'라고 말하는 손님이 있다고 하자고요. 가게 입장을 조금이라도 생각한다면 그게 얼마나 가게의 순환 주기를 뒤흔드는지 정도는 이해할 수 있죠. 저는 계속 저희 가게를 다니면서 특별한 주문 없이 그냥 원두를 사 가는 손님에게 절대로 오래된 원두를 팔지 않아요. 물론 그렇게 한다는 사실을 손님한테 절대 말하지도 않고요. 맛집 소개 사이트에 오른 메뉴만 주문하는 사람처럼 처음부터 가게를 자기 생각대로 움직이려고 하는 건 관계라는 면에서 아쉬워요. 여러 번 다녀야 신뢰 관계도 쌓이니까요. 손님과 가게 사이는 '관계'로 이해해야 이상적이라고 봅니다."

찻집이나 술집이 거리의 배경이 아니라 목적지가 되는 추세다. 거리의 사람들이 각자 아끼는 찻집이나 선술집에 '일상적으로 다니는' 문화가 사라지고 있다는 방증이기도 하리라.

"얼마 전에 유명 로스터가 로스팅한 원두로 커피를 끓여 준다는 찻집에 다녀왔거든요. 들어가자마자 주문을 했죠. 그런데 '드립을 해야 하기 때문에 시간이 걸린다.'라는 거예요. 기다렸죠. 커피가 나오길래 좋아했더니 '꼭 블랙으로 마셔야 된다.'라고 하지 뭐예요. 저는 그런 게 싫어요. 저한테 커피는 뭐랄까, 책을 산 다음 한숨 돌리고 싶을 때 기분을 전환시켜 주는 수단이기도 하니까 평소 생활을 방해하지 않는 존재예요. 쉽게 말하면 찻집에 들어가서 커피 얘기를 하고 싶지는 않은 거죠. 술집에 가서 술에 대한 전문적인 얘기를 하고 싶지는 않단 말이에요. 적어도 맛있다는 건 당연한 거지, 그걸 그 자리에서 논할 이유는 없다고 생각해요. 혼이 담긴 한 방울보다는 매일 다녀도 질리지 않고, 여차하면 하루에 두 번이라도 갈 수 있다는 점이 저한테는 중요해요. 퇴근길에 매일 정해 놓은 술집에 가는 것도 같은 이유 때문이고요."

아무리 그래도 커피를 제공하는 가게 입장에서는 부가 가치를 더하지 않고서는 생존하기 어렵다. 시대가 그렇게 변한 것이다. 유명 가게라지만 '로쿠요샤'도 경영난에 시달린 적이 있었다고 한다. 그럴 때 오사무 씨는 수많은 찻집을 돌아다니며 독학으로 자가 로스팅을 공부했고, 그 결과 현재는 가게 운영에도 큰 도움이 된다고 한다. 하지만 '로쿠요샤'의 카운터에는 특별히 자가 로스팅 원두를 선전하거나 부가 가치를 내세워 더 팔아 보고자 하는 의도가 전혀 보이지 않는다. 오사무 씨에게 이상적인 커피란 어떤 것인지, '생활을 방해하지 않는' 존재에 관해 자세히 물었다.

"오사카의 덴노지(天王寺)에 '메이지야(明治屋)'라는 오래된 선술집 있죠? 그 집은 의식적으로 양을 적게 낸다는 점이 주목할 만해요. 퇴근길에 들러서 딱 한 잔 마시고 집으로 돌아가 저녁밥을 먹는 사람이 많아서 그런 거거든요. 그 집은 바로 그런 중계 지점 같은 존재인 거죠. '메이지야'의 단골이나 저나 다를 게 없어요. 직업이나 수입처럼 소소한 부분은 다르겠지만 다들 매일 같은 일을 반복하면서 살아요. 평범한 일상 속에서 일이 끝난 뒤에 아무 생각 없이 한잔할 수 있는 공간이 있다는 사실만으로도 온갖 복잡한 일이 정리되고, 다음 날을 다시 맞이할 수 있죠. '메이지야'는 엄청난 뭔가를 내놓는 집이 아니에요.

잠깐의 휴식과 기분 전환.
찻집은 '중계 지점'이다.

그런데 그게 문화거든요. 미야자와 겐지(宮沢賢治)*처럼 우주까지 올라가서 자신의 생활을 내려다본 후에 돌아온 것 같은 시각을 가져야 비로소 각자의 평범한 일상을 긍정할 수 있죠. 저는 그렇게 생각해요."

모두가 찾는 '제3의 공간'

사회학자 레이 올덴버그(Ray Oldenburg)는 카페나 술집처럼 일터와 가정 사이에 존재하는 또 하나의 장을 '제3의 공간'이라 불렀다. 스타벅스 커피의 경영진도 그들의 점포를 그렇게 규정했고, 그 개념을 적극적으로 활용했다. 단언하건대 우리 모두에게는 가정과 직장을 떠나 자기 자신을 만날 수 있는 장소가 필요하다. 그런데 오사무 씨가 말하는 '메이지야'와 '제3의 공간'은 어딘지 다르다. 역사학자 브라이언 사이먼(Brian Simon)은 저서 『커피 이외의 모든 것(Everything but the Coffee: Learning about America from Starbucks)』에서 스타벅스가 내세우는 '제3의 공간'의 실정을 현지 조사와 지식인 취

---

* 1896~1933. 불교와 농촌 생활에 뿌리내린 작품을 많이 발표했다. 일본의 국민적 시인이자 동화작가다.

재를 바탕으로 검증하고 이렇게 결론지었다.

"'제3의 공간'이라는 홍보 문구, 실내에 흐르는 재즈 음악, 거슬리지 않는 추상적이고 표현주의적인 아트 작품, 신중하게 편집된 커뮤니케이션 보드. 이러한 방식을 통해 스타벅스는 자신들이 커피하우스 문화의 계승자임을 주장한다."

스타벅스의 이용객은 대부분 혼자 있고 싶은 사람들이다. 그들은 타인과의 대화가 아니라 일이나 공부를 하기 위해 안전하고 고급스러운 느낌이 드는 장소를 찾아온다. 동일한 스튜디오에서 생산된 아트 작품, 정치나 종교적 주제를 피한 커뮤니케이션 보드……. 17~18세기에 영국에서 번성한 '커피하우스'에는 커뮤니티의 구심점 역할을 하는 점주가 있었지만, 인공적으로 연출된 '또 다른 제3의 공간'에서는 점주의 존재감을 찾으려야 찾을 수 없다. 소비를 위한 부가 가치로서, 기업이 전략적으로 제공한 '제3의 공간'과 애정을 가진 손님에 의해 자연스럽게 만들어진 공간의 차이는 크다. '로쿠요샤'와 '메이지야' 같은 가게는 잠깐의 휴식이 필요한 그 거리의 사람들을 맞이하며 결과적으로 '없어서는 안 될' 장소가 되었다.

"최근 교토에서도 체인점 카페가 고객의 실내 체류 시간을 2시간 이내로 제한한다는 이야기가 있었죠. 그런 발상이야말로 카페가 죽는 지름길이에요. 회전율 향상이 경영에 중요하긴 해도 가게가 자기 입으로 그렇게 말해서는 안 되지요. 예전에 찻집 경영 교과서에서 하루 최소 몇 차례의 회전이 필요하다는 등의 내용을 본 적이 있기는 하지만, 매출 지상주의를 내세우면 찻집이라는 공간이 살벌해져요. 물론 바쁜 시간대에 한 손님이 장시간 자리를 차지하면 곤란하죠. 하지만 우리 가게에서는 가령 독서삼매경인 손님이나 대화가 한창인 할머니들을 보면 그대로 계시게 해요. 그러고 싶거든요."

생활의 일부인 기호품, 거리의 연장으로서의 공간은 어떤 의미에서는 합리성과 양립하지 않는다. 서점과 출판업계도 마찬가지다. 책은 상품이지만 문화이기도 하다. 논리적으로는 설명할 수 없는 '무언가'가 있기에 문화는 계승된다. 광고로 도배하느라 두툼해진 잡지의 수명을 늘리고 싶다고 해서 호화로운 부록을 붙이는 것은 정답이 아니다. 오사무 씨의 자세를 보면, 출판과 인연을 맺은 사람이 '생활의 일부'로서 책과 얼마나 밀접한 관련을 맺어야 하는지 다시 한 번 느낄 수 있다. 나는 앞으로도 서점의 입장에서 잡지와 소설, 사진집과 아트 북을 바라보는 '재미'를 사람들에게 전하고 싶다. 포크 가수로서 그리고 한 명의 생활자로서 오사무 씨는 직접 작사, 작곡한 「랑베르 마이유 커피 가게」라는 곡에서 이렇게 노래했다.

"오늘의 일을 시작할 때 다음 날도, 다음 날도, 또 그다음 날도, 같은 향기의 커피 한 잔."

한 잔의 커피가 비일상을 연출하는 것이 아니라 떼려야 뗄

자가 로스팅은 2대 마스터인 오쿠노 오사무 씨 때부터 시작한 작업이다.

수 없는 일상의 일부임을 간결하게 드러내는 노래다.

로쿠요샤 지하 지점(六曜社地下店)

교토를 대표하는 인기 찻집. 18시부터는 오사무 씨의 친형이 운영하는 바로 변신.

교토 시 나카교 구 가와라마치산조 구다루 다이코쿠초 36

075-241-3026

사쿄 구를 무대로

호리베   유행이라고 할지, 잡지 같은 데서 사쿄 구를 자주
특집으로 다뤄 주는데요. 그런 움직임이 있고 나서 사쿄 구에
어떤 변화가 있었을까요?

야마시타   한마디로 구름 위에 둥둥 떠 있는 느낌이랄까요?
'사쿄 구'라는 판타지를 찾아서 오는 사람이 많은 것 같아요.
밖에서 보면 테마파크 같은 느낌으로 비칠지도 모르죠. 그 테
마파크의 고객층은 여성이 압도적으로 많고요. 굳이 말하자면

상품을 사러 오는 게 아니라 사진을 찍거나 가게를 방문한다는 '체험'을 하려는 것이 목적인 듯싶거든요. 물론 외출을 유발하는 동기로서는 충분한 이유겠죠.

호리베 저도 이번에 '로쿠요샤'에 관한 원고에서 찻집을 '한 번 가 보는' 곳으로 생각하는 최근의 경향에 대해 적었어요. 예전에는 찻집이 항상 배경으로 존재했고, 거리의 연장이었어요. 지금은 우리들의 가게가 목적지가 되고 있어요. 장사라는 측면에선 어떻게든 경영에 도움이 될지는 몰라도 관광지로서가 아니라 문화로서 존재할 방법을 찾지 않으면 오래 살아남기는 어려울 거라고 생각해요. 이 책의 취지도 그렇고요. 오늘 야마시타 씨와 말씀 나누면서 뭔가 좀 다른 그림을 그릴 수 있었으면 좋겠네요.

야마시타 호리베 씨는 본인을 표현할 때 '모라토리엄'이라는 단어를 자주 쓰시죠? 요즘 사쿄 구에서 작은 가게를 여는 사람들을 보면 바로 '모라토리엄'이라는 단어가 떠올라요. 대기업에서 경험을 쌓았다든지 체인점에서 수련한 경험보다는 갑자기 가게를 여는 사람들이 늘고 있는 것 같더라고요. 자기실현을 위해서라거나 적은 자본으로 생활을 꾸리겠다는 생각인 것 같아요. 이른바 큰돈을 벌겠다는 생각은 아니죠. 사실 저는 처음엔 돈을 벌겠다는 생각에서 '가케쇼보'를 시작했거든요.

호리베 비즈니스로서?

야마시타 그랬는데 시작하자마자 바로 '아, 이게 아니구나!' 라는 걸 알겠더군요. 저도 처음에는 이 지역에 대해 환상을 가지고 있었던 거예요. 대충 보고 '아! 하이칼라의 거리다.'라고 생각한 거죠. '가케쇼보'를 멋지게 만들어서 수익을 창출하자는 생각이었는데, 지지해 주는 손님이 전혀 없더라고요. 제 방식이 서툴러서 그런 탓도 있었겠죠. 결국 조금씩 '개인'을 존중하면서 가게를 운영하게 됐고, 점주의 얼굴을 드러냈다 감췄다 하면서 주위와의 관계를 만들어 가는 방식으로 바꿨죠.

호리베 개업할 무렵에는 외부 또는 주위와의 접점이 없었단 말씀이세요?

야마시타 누가 말을 걸어도 "우리는 됐어요." 그랬죠. 그런데 분명하게 알겠더라고요. 사쿄 구에서는 그렇게 하면 안 된다는 것을요. 환상을 품고 들어온 이방인이 여기서 그런 식으로 성공하겠다는 생각을 한다면 오래가지 못합니다. 안 그래요?(웃음)

호리베 지금 만드는 책의 제목이 『거리를 바꾸는 작은 가게』예요. '작은 가게'라는 건 점포 규모가 아니라 개인의 의도가 점포의 구석구석까지 미치는 상업 형태라는 의미에서 쓴 거예요. 최근 '산가쓰쇼보', 과거 '파르나쇼보', '가케쇼보' 등 교토의 서점끼리 술자리를 꽤 하시죠?

야마시타 네. 단바구치에 있었던 '파르나쇼보'가 올봄에 문을 닫아서 아쉬워서요.

호리베 폐점한 뒤에 "어딘가에 다시 문을 열어야지. 사쿄 구에 열까?" 그런 말씀을 하실 때마다 '산가쓰쇼보'의 시시도 씨가 "그 주변 예전에는 촌이었어."라는 말씀을 하셨어요. 옛날 사쿄 구의 지도를 보니까 정말 아무것도 없더라고요. 그러니까 시가지에 사는 교토 사람들은 다들 "사쿄 구는 시골이야." 그러죠. '아무것도 없는 동네'라고 생각하는 거예요.

야마시타 이건 치켜세우려는 이야기가 아니라 정말 '게이분샤'가 사쿄 구 주변을 '일구었다.'라고 생각해요. 역사적으로나 규모적으로나 문화의 성숙도 면에서도. 내 주위 사람들만 그러는 게 아니라 주변 가게나 언론들도 구심점을 '게이분샤'라고 봐요. 표현이 좀 그렇긴 한데 '게이분샤'를 중심으로 다른 이들이 '빨판상어'처럼 다닥다닥 붙어 있단 말이에요. 그래서 대개 주변 가게들은 '게이분샤'를 시작점으로 지도를 만들어요.

호리베 그렇군요. 그래도 사쿄 구의 좋은 점은 그런 스토리에 전혀 휩쓸리지 않는 사람들도 있다는 것 아닐까요? 물론 비즈니스라는 측면에서 '게이분샤' 주변에 개점한 가게들도 많아요. 그러다 보니 실제로는 저희가 '주변'이 되는 상황도 빈번하죠. 그런 의미에서는 태풍의 눈이 '가케쇼보'에 있다는 느낌입니다. 야마시타 씨는 어쩌다가 사쿄 구에 가게를 내셨나요?

야마시타 저는 시모교 구의 시치조에서 자랐는데, 부끄럽게도 사쿄 구에는 부동산을 찾을 때까지 한 번도 와 본 적이 없었어요. 완전히 외지 사람이죠. 고등학교를 졸업한 뒤에 집을 나와 20대는 줄곧 간토 지역에서 살았어요. 개점 당시에는 먹고사는 데 필사적으로 매달리느라 서점이나 주위 가게를 돌아볼 생각도 전혀 못 했죠. 우리 집에 와 줄 만한 손님이 사쿄 구 주변에 있다는 생각은 어렴풋이 했지만요.

호리베 거리보다는 사람을 보고…….

야마시타 그래도 그때 제일 중요하게 생각한 건 솔직히 가게 자리였어요. 모퉁이에 있는 단독 건물이라……. 자동차를 바깥에 설치할 생각을 어느 정도는 하고 있었기에 그 건물이 딱 좋았거든요. 미안한데, 사실은 '게이분샤'의 존재를 개업할 때까지 몰랐어요. 그런 가게가 있다는 사실을 도매상한테 듣고 처음 가 봤죠. 가 보고는 '아, 이런 손님들이 오는 가게가 있다면 나도 사쿄 구에서 가게를 해도 괜찮겠다.'라는 생각을 했죠. 그렇지만 벌써 이런 데가 있으니까 똑같은 방향으로 가면 안 되겠다 싶었고, 그래서 처음에는 어떻게든 반대 방향이랄까, 색다르고 튀는 방향을 잡으려고 했죠. 기존의 것들에 대해서 '예스.'라는 입장에서 일을 시작하는 것과 '노.'라는 입장에서 일을 시작하는 건 굉장히 다르죠.

호리베 차별화를 의식하신 거로군요.

야마시타 그랬죠. 최근 몇 년 동안 거리 활성화를 위한 이벤트가 여럿 생겼죠? '사쿄 원더랜드' 같은 경우엔 제가 실행 위원이기는 하지만, 사실은 '외지인'으로서 들어와 있는 느낌도 들곤 해요.

호리베 외지인이라……. 하지만 그런 시선은 좋다고 봐요. 저는 태어나 자란 곳이 사쿄 구니까 어쩔 수 없이 이곳 분위기에 젖어 있거든요. 아까 야마시타 씨가 말씀하신 '게이분샤'를 시작점으로 거리가 변하고 있다는 건 일종의 '스토리'예요. 저는 이 책을 통해서 점과 점을 이어 선으로 만듦으로써 사쿄 구라는 거리의 스토리를 의식적으로 만들고 있죠. 스토리는 눈에 보이지 않는 가공의 세계지만 그걸 근거로 가게들이 들어설 수 있으리라고 생각해요. 물론 '사쿄 구는 일본의 라탱 지구다.' 같은 단순한 스토리라면 금방 소비되고 말겠죠.

야마시타 사쿄 구 안에 있으면 뭔가 나도 모르는 사이에 포지션이랄까, 그냥 가만히 있어도 재미있는 캐릭터가 생겨요. 다른 등장인물들도 나타나고요.(웃음) 비즈니스 측면에서나 각자의 인식 면에서 그런 부분은 살리는 게 좋죠.

호리베 음, 저는 양면성이라고 할지…… 장사를 잘하고 싶은 것도 중요하지만 '규모를 키우는 것만이 가치 있는 게 아니다.'라는 생각도 들거든요. 그런 복잡함을 스토리로 엮어 보고 싶었어요.

동네 서점이 살아남으려면

호리베 사실 이 책에는 원래 '동네 서점이 살아남으려면'이라는 제목을 붙이려고 했어요. 동네 서점이 점점 문을 닫고 있는데, '현재 상황을 그저 걱정만 할 게 아니라 뭔가 할 수 있는 일이 없을까?'라는 생각에서 시작했죠. '가케쇼보'는 아마 교토에선 최후의 신간 서점이죠?

야마시타 새로 도매상과 계약한 데는 없는 것 같아요.

호리베 이른바 '편집 서점'이죠. 도매상이 주도하는 형태가 아니라 점포가 주도해서 상품을 구성하는 신간 서점이라는 의미에서 저희와 '가케쇼보'는 시작점이 같죠. 대형 서점과는 장사 방식도, 운영 방침도 다르니까요. 먼저 시도한 선배도 없고, 참고할 가게도 없다는 건 비즈니스 모델이 없다는 의미고요.

야마시타 도쿄 센다기에 있는 서점 '오라이도(往来堂)' 같은 가게라면 비슷하다고 할 수 있죠. 사실 저는 그런 데가 좋았어요. 그럼에도 밖에다 자동차를 설치하는 등 요란한 방식을 선택한 건 역시 '게이분샤'를 의식했기 때문이에요. 절대 똑같은 방식은 안 된다는 의미에서 큰 참고가 됐죠.(웃음)

호리베 '편집 서점', '편집 숍' 등 '편집'이라는 말은 많이 하지만 소매점이 상품을 고르는 건 당연지사라고 저는 생각해요. 그런데 상품을 선택한 다음이 문제죠. 어떻게 살아갈지를 얘기할 때 꼭 주위의 동업자에게서만 배울 필요는 없다고 봐요. 선술집이나 가게를 운영하는 데에 독특한 견해를 가진 사람 등 그런 데서 배우는 바가 많지 않을까 싶어요.

야마시타 확실히 가게의 종류는 상관없는 것 같아요. 최종적으로는 상품을 소개하는 방법을 포함해서 방문하는 사람에 대해 어떤 방식으로 의사소통을 하는지가 중요하고, 그걸 주도하는 사람이 점주예요. 예컨대 '어서옵쇼.'라는 말을 하는지, 하지 않는지. 만약 한다면 어떤 톤으로 할지에 관한 방법이 포함되는 거예요. 제 경우는 모든 연령대가 왔으면 좋겠다는, 욕심에 가까운 희망이 있기 때문에 여러 사람이 자기 입장에 맞게 번역할 수 있는 요소를 가게에 도입했어요. 그런 데서 지울 수 없는 점주의 개성이 나타나죠. 그래서 시모가모의 '유게'는 컬처 쇼크였어요. 아주 독특한 커뮤니케이션 방법을 가지고 있었으니까요.

호리베 '유게'는 단골손님 외에는 받지 않는데 그 방식이 부드러워요. 문턱을 높여서 가게의 환경을 의식적으로 유지하려 하죠. 작은 장식 하나도 철저하게 엄선하고요. 그런 부분에 관해서는 이번에 안 썼어요. 떠벌리지 않은 거죠.

야마시타 서점이 선술집이나 찻집과 다른 점은 일단 다른 사람이 만든 상품을 들여와서 파는 곳이라는 거예요. 그러니까 표현이 좀 거칠지만 남의 샅바를 차고 춤추는 격이거든요. 다만 마지막 장식, 요리로 치면 고명을 올리는 작업은 우리가 담당하는 표현의 영역이에요. 어떻게 손님들에게 화려하게 보이느냐, 하는.

호리베　음, '해석'의 부분이겠네요. 어떤 종류의 책을 한 덩이로 묶어서 '지금 이런 가치관이 있습니다.'라는 걸 보여 주느냐, 하는 거죠. 신간 서점은 시대를 반영하는 역할을 해요. 출판 상황 때문에 가게가 변화할 수도 있고, 상품과 손님의 조화가 이루어지느냐, 아니냐에 따라 가게가 변화할 수도 있으니까요. 그런 의미에서 서점은 어떤 매개체고, 그래서 저는 거리를 볼 수밖에 없어요. 가게가 아무리 훌륭하더라도 그 자체로는 완결되지 않으니까요.

야마시타　서점을 하면서 느낀 게 있어요. '게이분샤'는 편집자나 DJ 같은 느낌이 드는데, '가케쇼보'는 소설가나 싱어송라이터 같은 느낌이에요. 우리 가게는 시류를 스스로 읽어서 표현하는 유형은 아니에요. 제 현장에 들어오는 정보만을 취급하는 거죠.

호리베　그렇네요. 그나저나 '가케쇼보'에 가면 카운터와 손님의 거리가 가까워요. 가게에 들어가면 직원 중 누군가가 꼭 다가와서 전단지를 보여 주며 "이거 아세요?"라고 말을 걸어 주더라고요. 야마시타 씨도 계속 누군가와 대화를 나누잖아요. 손님들에게는 단순히 '물건을 산다.'라는 의미를 넘어서 뉴스를 얻거나 타인과 관계를 맺는 경험으로서 의미가 클 것 같아요.

야마시타 '게이분샤'는 철저하게 전략적으로 상품을 구성하고 서가를 꾸미는 것 같아요.

호리베 스타일은 달라도 우리 같은 가게가 동네에 하나 있는 것과 둘 있는 건 아주 다를 거예요. 저는 사쿄 구에 '가케쇼보'가 있어서 마음이 든든해요. 저희 가게나 '가케쇼보'는 반짝 소비되고 사라지는 것들과는 달리 복잡한 스토리를 만들고, 그런 데 관심이 있는 사람들을 끌어들이죠. 그건 거리 차원보다는 가게 차원에서 필요한 작업이라고 봐요. 그러면서 동시에 손님, 인근 주민, 근처 점주들과 소통을 하고 '사쿄 구'라는 일종의 픽션을 만듦으로써 거리와 함께 살아남을 수 있겠죠.

야마시타 호리베 씨는 '거리가 살아야 개인 점포도 살 수 있다.'라고 생각하시죠?

호리베 요즘 상점가가 거의 해체되고 있으니까요. 어느 한 집이 뚝 떨어져서 아무리 재미있는 상품 구성을 선보인다 해도, 그래서는 살아남기 힘들다고 봐요. 그런 의미에서 저희 가게만 잘돼선 안 되죠. 서로 연계하는 과정을 통해서 거리의 영향력이 커졌으면 좋겠어요. '가케쇼보'와 함께 '소책자 세션'이나 '한겨울 북 헌팅' 같은 이벤트를 시작한 것도 그런 생각에서였어요. 점을 선으로, 더 나아가 면으로 만들어 보이면서 단순

하지 않은 스토리를 만들어 내는 것이 동네 서점의 생존을 위한 돌파구라고 생각합니다.

2013년 8월 21일
기야마치시조의 '프랑수아'에서

거리를 바꾸는 작은 가게

교토 게이분샤에서 발견한 소비와 유통의 미래

1판 1쇄 펴냄 2018년 2월 2일
1판 5쇄 펴냄 2020년 7월 21일

지은이 호리베 아쓰시
옮긴이 정문주
발행인 박근섭, 박상준
펴낸곳 (주)민음사
출판 등록 1966. 5. 19. 제16-490호

서울특별시 강남구 도산대로1길 62(신사동)
강남출판문화센터 5층 (우편번호 06027)
대표전화 02-515-2000 팩시밀리 02-515-2007
www.minumsa.com

ISBN 978-89-374-3498-3 03320

* 잘못 만들어진 책은 구입처에서 교환해 드립니다.